小学校国語科

「言葉による見方・考え方」を
鍛える

物語の「読み」の授業と教材研究

「読み」の授業研究会・関西サークル 著

JN137920

明治図書

はじめに

説明的文章は論理的に読むが、物語はそうではないと思われているかもしれない。しかし、それは違う。物語の読みも論理的なのだ。そして、論理的に読むことを重ねることで、感性も豊かに育まれていく。本書は、物語の読み方の基礎・基本となることを九つの観点からわかりやすく述べている。小学1年から6年にかけて九つの観点を系統的に教え、それを子どもたち自身が使えるようにしていく。そのことが新学習指導要領の「言葉による見方・考え方」を働かせることにつながる。

物語の授業が系統性を持つことで、子どもたちは何を学んでいるかに意識的になり、論理的な読み方が身についていく。作品ごとに違う読み方をしていたのでは、子どもたちは常に教師の指示待ちとなり、読みの力はついていかない。作品が多様なのだから読み方も多様で、という考え方は一見正論のように見える。しかし、それでは子どもたちの中に読む力が蓄積されてはいかない。大事なことは、子どもたちが物語を成り立たせている基本的な要素に自覚的になることである。

本書は二章から構成されている。第一章は、理論編であり、「言葉による見方・考え方」を鍛えるための読み方指導について、九つの観点を説明する。具体的な作品に即して、低・中・高学年の系統性をふまえて述べている。第二章は、実践編である。小学1年から6年までの十五作品（平成27年度版教科書教材）について、作品の成り立ち・語句・人物の読み・場面分け・構造よみ・形象よみ・あらすじ・主題・吟味よみ、そして発問アイデアを示している。「深い学び」を生み出すための、丁寧で深い教材研究を示している。

「言葉による見方・考え方」を子どもたちが身につけていくためには、子どもたちが物語の学習としてのつながりが意識できるように指導していくことが大切である。本書は、その道筋を示したものである。

二〇一九年三月

加藤　郁夫

目次

第一章　理論編　「言葉による見方・考え方」を鍛える物語の授業づくり

第1節　物語の授業で「言葉による見方・考え方」をどのように鍛えるか

平成二九年告示の学習指導要領（小学校）は、国語科の教科目標を次のように述べている。

> 言葉による見方・考え方を働かせ、言語活動を通して、国語で正確に理解し適切に表現する資質・能力を次のとおり育成することを目指す。

さらに、「言葉による見方・考え方」について、解説編で次のように述べる。

> 言葉による見方・考え方を働かせるとは、児童が学習の中で、対象と言葉、言葉と言葉との関係を、言葉の意味、働き、使い方等に着目して捉えたり問い直したりして、言葉への自覚を高めることであると考えられる。（中略）国語科においては、言葉を通じた理解や表現及びそこで用いられる言葉そのものを学習対象としている。このため、「言葉による見方・考え方」を働かせることが、国語科において育成を目指す資質・能力をよりよく身に付けることにつながることとなる。

国語科の教材は、文学作品（物語）と説明的文章の二つに大きく分けられる。「言葉による見方・考え方」を鍛えるためには、まずジャンルの違いを意識することが必要となる。

二者は、どのように異なっているのか。物語は、書いた人を作者という。説明的文章は、筆者である。似たような言葉だが、大きな違いがある。物語は、虚構であり、現実の話ではない。それに対して説明的文章は、現実の一部を文章にしたものである。説明的文章は筆者が述べるが、物語の語り手は作者ではない。物語の中に「私」が登場しても、それは作者と同じではなく、架空の存在である。

説明的文章は、「はじめ」で問題を提示する。どのようなことを述べようとするのか、おおよその方向性を最初に示す。読者は、それを念頭に読み進めていくので、文章の展開がわかりやすい。物語は逆である。この先どうなっていくか、話の展開が見えないことで、読者を物語の中に引き込んでいく。

説明的文章では「はじめ―なか―おわり」の三部構成が一般的である。しかし物語は、「はじめ―なか―おわり」ではとらえられない。物語の読みでは、中心となる人物に焦点を当てながら、どのような事件が起き（事件のはじまり）、どのように展開し、どこで大きく変化したか（クライマックス）を読みとることが重要になる。事件の展開こそが読みの中心になる。事件とは、物語で描かれる、主要な、一連の出来事のことで、「すじ」ともいう。あらすじとは、事件展開を読みとることである。

物語にも基本的な読み方がある。それを身につけることで、一人ひとりが自由に読むこともできるようになっていく。小学校の低・中学年は、物語の読み方の基本を一つ一つ身につけていく段階である。高学年になるに従って、身につけた基本の上に、読者の自由な読みを展開していく。読み方というと、型にはまったもので、誰もが同じことを読みとるようになると思う人がいるが、そうではない。読み方とは、子どもたちが物語世界に立ち向かうための手立てである。泳ぎのできない子どもをいきなりプールに放り込んで、自由に泳ぎなさいという教師はいない。泳ぎの基本を教えていく中で、子どもは泳ぎを身につけていく。物語の読みも同じである。基本を一つ一つ身につけていくことで、読む力が育ち鍛えられていく。その読み方こそが「言葉による見方・考え方」の土台となっていくのである。

では、物語の読み方とはどのようなものだろうか。

先ほども述べたが、事件に着目し、どのような事件が起こり、どのように展開し、どのようになっていったかという、作品の大きな組み立てをとらえることである。そのためには、まず場面に分けて、場面ごとのあらすじをおさえ、どの場面で一番大きく変わったかをとらえるようにしていくとよい。これは、作品を構成・構造的にとらえることであり、全体を俯瞰的にとらえる力となっていく。

次に、物語のどこに着目するか、その着目の観点がわかることである。もちろん、着目の観点といっても一つではない。先に述べた、構成・構造をとらえることで組み立てが見えてくる。人物像に関わるところや、作品の背景（時や場所など）に関わるところも大事である。表現技法が用いられているところも欠かせない。そのような着目の観点を身につけながら、さらにはその着目したところをどう読み深めるか、ということも大事である。このような、物語の読み方に習熟していくことは、自ら表現する力にも反映される。深く読めることが、どう話せばよいのか、どう書けばよいのかといった表現する力の土台になるのである。

また、物語の一語一文に根拠を持った読みをしていくことで、論理的に物事を考える力が育っていく。物語では、往々にして人物の気持ちばかりが問題にされる。しかし、大事なことは表現に根拠を持って心情を読むことである。いたずらに「この時の○○の気持ちは？」と問うことは、作品から離れた勝手な読みを助長するだけである。人物の心情や性格などが読みとれる表現に着目できることで、心情も深く論理的に読むことができるのである。

また、物語は、二通り三通りに解釈できるところにその面白さや魅力がある。説明的文章が一義的であるのに対して、多義的なのである。一つの表現が、肯定的にも否定的にも解釈できることもある。物語における多義性を読み解いていくことで、子どもたちのものごとを複眼的に見る力が鍛えられていく。

これまで、ともすれば物語は道徳的に読まれてきた。そのため、主題を徳目的にまとめていくことも多かった。そのことが作品の魅力を削ぎ落とし、物語の読解をつまらなくさせていた。中学校学習指導要領（国語）の3年「読むこと」では「文章を批判的に読みながら、文章に表れているものの見方や考え方について考えること。」とある。小学校段階では、中学3年に向けて批判的に読む力を育てていくことが求められる。それが、物語を吟味・批評することである。物語の授業の最後は、子どもたちに感想を書かせて終わりではない。改めて作品を振り返り、工夫や面白さを積極的に評価する。また、作品を突き放してみたり、別の角度でとらえてみたりすることで、それまでとは違った見方ができないかを考える。そのような指導も進んで取り入れていきたい。それは物語の面白さを奪うものではなく、逆に物語の工夫や仕掛けの面白さ、角度を変えてみることでの魅力の再発見などにつながる。

物語の一つ一つの読み方を身につけることを通して、子どもたちの「言葉による見方・考え方」が鍛えられていく。物語の構成・構造をつかむ力、物語の一語一文に着目し、その表現を読み深めていく力、物語を吟味・評価する力、それらの力を子どもたちが身につけ、自分で用いることができるようになっていくことで、子どもたちは物語をさらに深く読めるようになっていく。そして、読みの力を鍛えることは、思考力や表現力を鍛えることにつながる。読み方を身につけることで、「言葉による見方・考え方」が育てられ、鍛えられていくのである。

第2節 系統性を意識した物語の読み―九つの観点

1 人物（登場人物）を読む

物語は、人物を中心に展開していく。したがって、物語の読みの第一は人物である。まず、誰と誰が出てくるのか、いわゆる登場人物をおさえる。人物は必ずしも人間とは限らない。物語の中で、動いたり、話をしたり、考えたりする存在が人物である。たとえば、昔話『ねずみの嫁入り』では、太陽・雲・風・壁も人物になる。小学1年の『おおきなかぶ』は、人物を教える上でわかりやすい作品である。おじいさん、おばあさん、まご、いぬ、ねこ、ねずみが登場し、動物もかぶを抜く手伝いをする。人物のとらえ方が、わかりやすい作品といえる。このように具体的な作品を通して、人物のとらえ方を理解していくことが大切である。

『スイミー』（光村図書2年他）ではさかな、『お手紙』（光村図書2年他）ではかえるが人物である。一方、『大造じいさんとガン』の残雪は、人物ではない。大造じいさんに対抗する残雪は人物であるように見えるが、残雪は話をしたり、考えたりする存在として登場していない。大造じいさんは残雪を意識し戦いを挑んでいくのだが、残雪が大造じいさんを意識しているようには描かれていない。残雪は、自然界に生きる野生の鳥として描かれている。物語における人物とは、人間であるかどうかで決めるのではない。物語の中でお互いが認識し、関わり合う存在であるかどうかが、人物の条件なのである。

二つ目に、中心的な人物（中心人物）を考える。物語の展開の中心に位置する人物のことである。中心人物がわかることで、読者は誰に目をつけて読み進めていけばよいかという読みの焦点が定まる。特に、低・中学年のうちは、中心人物を定めることが、子どもたちの物語理解をわかりやすくしていく。

ただし、中心人物はすべての物語で有効ではない。『お手紙』は、がまくんとかえるくんの二人を中心にした物語であり、どちらが中心人物かを議論させても意味がない。『一つの花』で名前が示されるのはゆみ子だけだが、戦争中のゆみ子は幼く、物事がわかっているといえない。中心人物が決められない作品といえる。また、物語には中心人物の変容や成長があると決めつけることにも問題がある。『白いぼうし』では、松井さんが中心人物であるが、松井さんの変容や成長が描かれているわけではない。中心人物は、そこに焦点を当てて読むことで、物語がとらえやすくなることに意味がある。学年が上がっていく中では、中心人物以外の視点から物語をとらえ直していくことも必要となっていく。

三つ目に、人物の性格や特徴を読みとることである。『おおきなかぶ』では登場人物が六人いるが、その性格や特徴は語られない。ここで大事なのは、かぶを抜く行動であり、そのための人物の体（力）の大きさである。『ごんぎつね』では、ごんは「ひとりぼっちの小ぎつね」と語られ、子どもではない。だからこそ、やがては「おれと同じ、ひとりぼっちの兵十か。」と兵十に対する同情・共感さらには求愛とごんの有り様は変化していく。『やまなし』のかにの兄弟は、五月では幼く、十二月で「もうよほど大きくなり」とあるように成長している。それゆえ、兄弟にとって五月は「知らない」「わからない」世界だったが、十二月は少しわかってきた世界へと変わってゆく。

四つ目に、名前の読みである。『おおきなかぶ』では、おじいさん、おばあさん、まご……と名前は示されない。『モチモチの木』では、豆太だけが名前を持つ。名前が、中心的な人物を考える手がかりともなる。また、名前の意味を読むことも大切である。『サーカスのライオン』のじんざは、強そうな感じはするが、どこか古くさい感じの名前で、それはじんざが年老いていることと関わる。『風切るつばさ』ではアネハヅルのクルルとカラだけが名前を持つ。どちらも三音で、響きも似た名前である。そこから、二人に共通性があるのではないかと読めてくる。『海の命』の太一の、「太」には、ふとい・ゆたかという意味があり、「一」は長男や一番といった意味がある。「村一番の漁師」であり続けた太一の有り様を象徴する名前といえる。

五つ目に、人物相互の関係を読みとる。人物の関係が、物語のはじめで示される作品もあれば、展開の中で関係が明らかにされたり、関係が変化していく作品もある。人物相互の関係がつかめることで、物語の展開がわかりやすくなる。『かさこじぞう』には、貧乏なじいさまとばあさまが登場する。じいさまが笠を地蔵様にかぶせてきたことを聞いて、ばあさまは「ええことをしなすった」と言う。そこに仲のよい、ともに優しい二人の関係が読みとれる。『ごんぎつね』では、ごんが兵十に共感的になっていくのに対して、兵十はずっと「ぬすっとぎつね」と思っている。その食い違いが悲劇につながる。

最後に、展開部以降では人物の変化に着目することが大事になる。『ごんぎつね』のごんは、いたずらものとして登場するが、兵十のおっかあの死をきっかけに、いたずらを後悔し、いたずらのつぐないを始めていく。『きつねのおきゃくさま』のきつねは、ひよこやあひるたちに「やさしい」「親切」「かみさまみたい」と言われることでぼうっとなり、自分に対する見方が変わっていく。

低学年では、人物が誰と誰かを丁寧に確認していく。子どもたちが、登場人物が誰と誰で何人いるかをつかめることが第一である。その上で、中心人物にそって物語を読み進めていく。また、名前や「くん」「ちゃん」づけなどの呼び方にも注意させ、その効果や意味を考えていく。前に学習した作品と比べて、どこが共通しているのか、あるいは違っているのかを考えることも有効であり大切にしたい。

中学年では、登場人物が誰と誰で何人いるかといった課題を、物語の学習に入る前の準備段階として、各自が家庭学習で取り組むように指導していきたい。物語では、人物の読みが大事であり、どんな人物が登場し、誰が中心であり、どんな呼ばれ方をしているかを見ていくことが読解の土台になることを子どもたちの中に徐々に形成していくのである。その上で、授業では人物相互の関係や人物の性格や特徴を表現に基づいて読み深めていく。

高学年では、自主学習の中で人物の基本的な読みとりがある程度できるようにしていく。教師の指示がなくても、物語の学習の前には自分で人物は誰と誰がいて、誰が中心人物か、どのような性格や特徴を持つのかなどを自学できるようにしていけるとよい。そうすることが子どもたちの主体的な学びにもつながるし、授業はその上でさらにレベルの高いことに挑んでいけるようにするのである。たとえば中心人物ではない人物の視点から見た場合に、どのような見え方をするかといった視点を変えることも作品によっては有効である。また、これまで学習した作品と比べて、どのような共通点があるのか、また特徴があるのかなど、これまでの学びの上に新しい学習を積み上げていく。

物語の授業では、人物に感情移入して、自分が〇〇だったらどんな気持ちになるだろう、××だったらどうするか、といった発問がしばしばなされる。人物の読みで気をつけることは、好き勝手に気持ちを想像したり、作品の表現に根拠を持たない気持ちの読みになったりしないように注意することである。いたずらに気持ちを問うのではなく、作品の表現に根拠を持って読みを進めることが大切である。一語一文に基づいた読みをすることで、子どもたちの言葉を読む力も、言葉に対する感覚も育てられ、鍛えられていくのである。

2 場と時を読む

場と時は、物語の筋を理解する上で欠かすことのできない重要な要素である。人物とともに場と時が明らかにされることで物語の筋は明確になり、どんな話なのかをきちんと追っていけるようになる。それゆえ、場と時を意識し自覚的に読んでいくことで物語の筋がわかりやすくつかめるのである。

場には国・地域・町……のように大きな場から小さな場がある。もちろんこれらすべてを読むのではない。出てくるものを読んでいけばよい。

低学年は、場があることがわかるように指導していく。そして場を示す言葉を抜き出せるようにしていく。たとえば『おおきなかぶ』の場は書かれていないが、どこかの畑であることはわかる。『スイミー』は広い海のどこかという漠然とした場を示すだけである。『お手紙』はがまくんの家とかえるくんの家が中心となっているが、大きな場は示されていない。これらの作品について、場を意識できるようになることを指導のねらいとする。意識できるようになることで読みも深まっていく。『たぬきの糸車』は、「山おくの一けんや」である。この場を意識することで、たぬきが毎晩のようにこの家にいたずらをしに来るわけが読めてくる。

中学年は、場を表す言葉を自分で探していけるように指導する段階である。そして場の表す意味を考えることができるようにしていく。『サーカスのライオン』は、ある「町外れの広場」である。町外れはサーカスと男の子の家との間に距離があることを示す。その距離が、毎日通ってくる男の子のじんざへの好意の強さや熱心さと、くじいた足をかばいもせず男の子のもとへ走るじんざの勇猛さとを効果的に示している。『モチモチの木』は「とうげのりょうし小屋」である。峠は一定の人の行き来がある場所である。この設定が「半道もあるふもとの村まで」豆太が走り出すことに生かされている。『ごんぎつね』の「中山から少しはなれた山の中」

は、ごんの人と関わりたいという思いを表している。

高学年は、中学年で身につけた場を読む力を自分で使っていけるように指導していく段階となる。また、なぜその場に設定したのかという理由や効果も考えていけるとよい。つまり自学できるようにしていく段階といえる。『注文の多い料理店』では、「だいぶ山おく」「だいぶの山おく」「……どこかへ行ってしまったくらいの山おく」「あんまり山がものすごい」と山奥であることが繰り返し強調される。そのことが幻想的な異世界となっていくことの伏線の役割を果たしている。『海の命』は海辺の村ということがわかるだけで具体的な場所は示されていない。特定の場所を設定しないことによって物語の場が広く一般性を持つことになる。『やまなし』では、幻灯が行われている場所と谷川の底という二つの場の存在を理解することが大切である。


時には、時代・年・季節・月日・時刻などがある。これも場と同様に大きな時から小さな時があり、出てくるものを読めばよい。

低学年では、物語には時があることがわかるように指導していく。そして時を示す言葉を抜き出せるようにしていく。しかし、時が書かれているものと書かれていないものがあるので作品に応じて読んでいけばよい。たとえば『おおきなかぶ』『スイミー』『お手紙』には大きな時代の設定はない。『かさこじぞう』の時は「むかしむかし」と設定されている。ここで大事なのは「ある年の大みそか」という設定である。大みそかは十二月三十一日という日付を意味するだけではない。一夜明ければお正月がやってくる、その前日ということである。だからこそじいさまは、「もちこのよういもできんのう」とため息をつくのである。『わたしはおねえさん』は「十月の日曜日」の「朝」である。すみれちゃんが土曜日の夜までは宿題をしていなかったことが、時の設定からわかるのである。

中学年は、時を表す言葉を自分で探していけるように指導していく段階である。そして時の意味を考えることができるようにしていく。一見、時を表していないような言葉からも時を読めるように指導していくことも必要である。『モチモチの木』には時代を表す言葉はないが、「せっちん」という言葉から少し前の時代だということがわかる。『ごんぎつね』は「ある秋のこと」である。秋に実るくりは二人の関係をつなぐ重要な素材となっている。また、わかり合えた時に死が訪れるという悲しい結末が、冬に向かう秋という季節の設定に生かされている。『一つの花』は「まだ戦争のはげしかったころ」である。中学年の子どもたちにとって、戦争の時代をとらえることは難しい。こうした戦争教材を取り上げる際には、戦争の時代を理解できるような補助的なものも必要になってくる。写真や物を使って具体的なイメージが持てるように指導していきたい。

高学年は、中学年で身につけた時を読む力を自分で使っていけるように指導していく段階である。『風切るつばさ』は、時が秋から冬の初めの季節に設定されている。寒さが増す初冬は、飛べなくなったクルルの切羽詰まった状況と重なっていく。『やまなし』では幻灯が行われている時と、幻灯の中の時という二重性を読むことが重要である。そのことをおさえた上で、五月、十二月という時の意味を考えていく。これは生き物たちが活発に動き出す季節という意味の五月であり、春からの活動が収まり終息していく季節という意味で十二月という時が設定されていると読める。

3 場面分け

場面は、時・場・人物の三つの要素によって構成される内容のひとまとまりである。

場面分けは、内容をわかりやすくつかんでいくために行う。子どもたちにとって通読しただけで物語の内容をつかむのは容易なことではない。それゆえ、場面に分け、場面ごとに誰が出てきてどんな出来事が起こったのかという内容を一つ一つ丁寧に確認し、確かめながら全体を大づかみにしていくのである。さらに場面分けで重要なのは、どんな話だったかを理解した上で、どこが一番大きく変化した場面なのかを考えていくことである。一番大きな変化をつかむことは、構造よみにおけるクライマックスを考えることにつながっていく。また、場面分けは時・場・人物の三要素に着目させることもねらいの一つである。

行空きや番号によって場面分けが示されている場合は、その分け方を尊重していけばよい。ただし、行空きで二つに分けられているものであっても一つの場面としてまとめる方がわかりやすい場合もある。反対に、行空きがなくても、二つ三つに分けた方がわかりやすくなる場合もある。場面分けに絶対の基準は存在しない。相対的なものであり、唯一絶対の正しい分け方というものはない。教師によって場面分けが違ってくることもあるし、指導書と異なることもあるだろう。場面分けは、あくまで内容をわかりやすくとらえるための便宜的な方法だと考えればよい。作品の具体的な場面分けについては第二章で示している。

低学年では、構造よみは行わず、場面を中心に考えていく。はじめは教師が場面分けをすればよい。物語は場面が集まってできていることを教師が教え、子どもが場面を意識できるようにする。そして場面分けを通して話の全体を理解し、最も大きく変化した場面を考えていく。たとえば『おおきなかぶ』では人物が増えていくところが場面の分かれるところである。人物によって場面が変化することに気づかせたい。2年生の『きつねのおきゃくさま』もひよこ、あひる、うさぎ、おおかみと新しい人物の登場によって場面分けができる。『たぬきの糸車』は、時による場面分けができる。「ある月のきれいなばん」「あるばん」「やがて、山の木のはがおちて、」など時を示す言葉を見つけて分けていく。『かさこじぞう』は場で分けられる。じいさまの家、町、村の外れの野っ原……と場面が分けられる。このようにして時・場・人物で場面が入れ替わるということに気づかせていくのである。それが中学年・高学年での場面分けの学習へとつながっていく。

中学年は、三要素に着目して場面分けに自分で取り組んでいく段階である。また行空きや番号による場面分けが示されている場合でも、なぜここで分けているのかということを考えていけたらよいだろう。『サーカスのライオン』では時で場面が分かれる。ある日の「夜」、その「次の日」、「その夜ふけ」……と推移していく。このような記述に気がつくことで、場面分けを自分で考えていくことができるようになっていく。『白いぼうし』は、行空きによって四つに分けられている。その理由を考えていけるようにする。『一つの花』も行空きで三つに分かれている。一つ目と二つ目はどうして分かれているのかという理由も考えられるようにしたい。また二つ目は長いので、内容がとらえやすいようにさらにいくつかに分けていくようにする。

高学年では、場面分けは自学に移行できるように指導していきたい。場面分けによってつかんだ話の内容から、物語の発端やクライマックスがどこになるのかを考えられるようにしていくのである。『注文の多い料理店』では、「風がどうとふいてきて、……木はゴトンゴトンと鳴りました。」という全く同じ一文が、はじめの方とおわりの方の二か所に出てくる。この一文が幻想の世界の入り口であり出口にもなっている。この一文に気づくことで、全体を大きく三つに分けることができる。『やまなし』は冒頭の一文と終わりの一文でそれぞれ一場面を構成している。幻灯を見せている時と幻灯の中の世界の時の二重性に気づき、その意味を自分で考えていけるように指導していくのである。

4　構造を読む

構造とは、全体を形づくっている部分の組み立てのことであり、全体の諸要素が相互に関係し合っていることをいう。物語の構造を読むとは、作品の事件の流れを読みとることである。物語は、人物相互の関係性や人物のものの見方の発展や変化によって事件が展開していく。事件とは、物語の主要な一連の出来事のことである。また出来事だけではなく、人物の見方の変化や人物相互の関係性の変化も事件ととらえる。

しかし単に事件を読みとるだけではなく、クライマックスに着目し、そこに至るまでの事件の発展や深まりに気づかせていくことが、物語の構造を読みとるのに有効である。事件は、クライマックスに向かって進行していく。だからクライマックスを意識し、クライマックスまでの過程をもう一度振り返ることで、主要な事件がクライマックスに向かって展開していることが鮮明に見えてくる。また事件の発展も容易に発見できるようになる。構造よみは、クライマックスを見つけて変化を読みとる他に、発端、山場のはじまり、結末等も見つけて、作品全体の構造をつかむことである。

構造よみは、作品を音読したり難語句について調べたりする表層の読みの後、深層の読みの第一段階として行う。しかしいきなりクライマックスはどこかと発問をしても、数人の子どもしか理解できていない場合も考えられる。そうならないために、まず登場人物をつかみ、時・場・人物を手がかりに場面分けを行い、どの場面が最も大きく変化しているのかを丁寧に読みとった後に、構造の読みを行う方がわかりやすい。

物語の構造表を、次頁に示す。

〈物語の構造表〉

○冒頭　作品のはじまり

〈導入部〉　事件が展開する前の話や人物等が説明される

○発端　事件のはじまり

〈展開部〉　事件が展開していく

○山場のはじまり　クライマックスの場面のはじまり

〈山場の部〉　事件が大きく変化する

◎クライマックス　事件が、最も大きく変化・確定するところ

○結末　事件の終わり

〈終結部〉　あとばなしが書かれている

○終わり　作品の終わり

発端の指標は、次の三つである。

①　主要な事件がはじまる
②　いつものこと（日常）から、いつものことではないこと（非日常）に変わる
③　説明的な書かれ方から描写的な書かれ方に変わる

『ごんぎつね』の発端は、「ある秋のことでした。……」である。二、三日雨が降り続き、ずっと穴の中にし

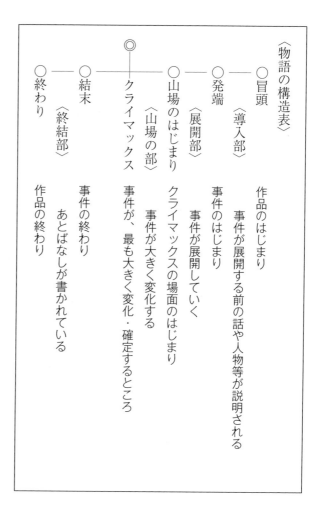

ゃがんでいたごんが、穴からはい出していたずらを起こしてしまう。このいたずらがきっかけとなり、事件が展開していく。

クライマックスの指標は、次の二つである。

① 事件が大きく変化・確定するところ

② 緊張感が最も高まるところ

クライマックスを検討し、作品の構造を読みとることで、次の三つの力をつけていく。一つ目は、作品全体の事件の流れを理解し、全体を俯瞰することができる力。二つ目は、作品の大きな仕掛け（変化・発展・繰返し・対応・伏線・設定・暗示・象徴等）が把握できる力。三つ目は、次の形象よみで、読むべき箇所を子ども自身の力で発見することができる力。

構造よみで大切なことは、クライマックスを発見することだけではなく、クライマックスで何が変わったかということを読みとることである。『ごんぎつね』のクライマックスは、「『ごん、おまいだったのか、いつも、くりをくれたのは。』／ごんは、ぐったり目をつぶったまま、うなずきました。」である。ここから、ごんが兵十に撃たれて死ぬという変化だけでなく、兵十がここで初めてごんの気持ちを理解できたという変化が読みとれる。そしてごんもここで兵十にわかってもらうことができたことや、お互いの気持ちを通い合わせることができたという変化も読みとることが大切である。

物語の基本的な構造は、「導入部―展開部―山場の部―終結部」の四部構造である。もちろんそれ以外の構造の作品もあるが、基本的な四部構造を理解することで、終結部がない三部構造であるとか、導入部のない構造になっているなどとわかるのである。構造よみの最後に構造表にまとめて、作品全体の構造を確認する。

低学年では、構造よみは行わず、場面の読みとりを中心に考えればよい。時・場・人物の変化に注目して、丁寧に場面分けを行う。次に、場面ごとの出来事を確認する。そして、どの場面が最も大きく変化するのかを考えさせる。『おおきなかぶ』では、おじいさんが、かぶの種をまいた1場面、おじいさんが、かぶを抜こうとしたが抜けない2場面、おじいさんとおばあさんの二人でもかぶは抜けない3場面というように場面分けをしていく。クライマックスは、おじいさん、おばあさん、まご、いぬ、ねこ、ねずみの六人でやっとかぶが抜けた7場面であるということを指導していくとよい。

中学年では、発端やクライマックスを教えて構造よみを行う。低学年と同様に、場面ごとの出来事をおさえた上で、どの場面にクライマックスがあるのかを考える。慣れてくれば、その場面の中のどの文がクライマックスであるのかも検討して、何が変化したのかも考えさせたい。『モチモチの木』の、「モチモチの木に、灯がついている。」というクライマックスから、モチモチの木に灯がついているのを豆太が見たという変化だけではなく、灯がついたことで、何が変わったのかということも考えさせたい。

高学年では、場面ごとの出来事をおさえた後、発端やクライマックスの検討を行う。そして特にクライマックスで何が変化したのかを読みとることを重視する。『大造じいさんとガン』のクライマックスは、「大造じいさんは、強く心を打たれて、ただの鳥に対しているような気がしませんでした。」である。大造じいさんの残雪に対する見方が変わることを読みとることが大切である。またクライマックスの場所だけで考えるのではなく、作品全体の事件の流れを意識して、変化を読むという作業も必要になってくる。

5　形象を読む

形象とはimage（イメージ）の訳語であり、心に思い描く姿や形のことである。文学作品（物語）は、言葉によって形象が作り出される。物語の形象を読むとは、書かれてある言葉や文を手がかりにしながら、書かれていないことを読みとることである。また、作品に隠された意味や仕掛けを発見することでもある。

形象を読むには、二つの段階がある。一つ目は、特に読みとるべき言葉や文を抜き出すことである。具体的には、構造よみで明らかになったクライマックスに着目し、クライマックスに関わる事件を明らかにすることで、どこを読めばいいのかが明らかになる。二つ目は、抜き出した言葉や文を、文脈と関わらせながら読み深めていくことである。

導入部では、四つのことを読む。第一は、人物を読む。登場人物は誰かという読みはもちろんのこと、人物の特徴や性格や名前の意味等を丁寧に読むとともに、他の人物との関係も読むことが大切である。たとえば『モチモチの木』の「豆太」は、夜中に一人でしょんべんに行けないくらいの臆病だと描かれているが、「豆」からは小粒であること、「太」からはたくましいという臆病以外の読みもできる。第二は、場を読む。場は地域等の場所はもちろんのこと、場の持つ雰囲気等を読むことも大切である。『風切るつばさ』の「モンゴルの草原」は、地理的な場所だけではなく、冬は零下五〇度にもなる厳しいところで、南に渡らなければ死んでしまう場所だということも読むことが重要である。第三は、時を読む。時は、時代・年・季節・月日・時刻などを読むが、すべてを読む必要はなく、読むことができる時だけでよい。第四は、事件設定を読む。事件が起こるきっかけとなったことを読むのである。『海の命』では、漁師の家に生まれた太一は、父と同じく漁師になりたいと思っている。父は、クエを獲ろうとして死んでしまった。これをおさえておくことが、太一の漁師としての人生を読んでいく上で重要となる。

展開部以降は、三つのことを読む。第一は、事件の変化を読む。構造よみで明らかになったクライマックスに着目し、そこに至るまでの事件が変化していくところに着目していくのである。『大造じいさんとガン』のクライマックスは、「大造じいさんは、強く心を打たれて、ただの鳥に対しているような気がしませんでした。」である。この作品の事件の変化は、大造じいさんの残雪に対する見方が変わることである。大造じいさんは、ガンを捕まえるために、いろいろな仕掛けを考えて実行する。しかし、いずれも残雪のために失敗をしてしまう。はじめは、残雪のことを「いまいましく」思ったり、「たかが鳥のことだ」と思ったりしていた大造じいさんであったが、「『ううむ。』と感嘆の声をもらす」ようになり、「『ううん。』とうなってしまう」ほどに変化していくのである。事件は、人物の見方の変化や、人物の関係性の変化も含めて読みとっていくことが大切である。第二は、繰り返されているところを読む。『注文の多い料理店』で、「泣いて泣いて泣いて泣きました。」と、五回も泣くという言葉が繰り返されている。時間的にも長く泣き続け、絶望してあきらめるしかないと思ったかもしれない。恐怖の極限であることが読みとれる重要な言葉である。第三は、普通とは違う表現を読む。『大造じいさんとガン』に、「残雪は、むねのあたりをくれないにそめて、ぐったりとしていました。」という文がある。残雪が、ハヤブサに攻撃されて、胸に傷を負って血だらけになっている様子を述べている。血をくれないと表現することで、残雪は美しく語られ、その後の「頭領らしい堂々たる態度」と整合性を持たせている。

最後に、それぞれの言葉や文から読みとったことをまとめることが大切である。分析したものを総合するのである。作品全体の形象よみが終わると、「あらすじ」を一行程度でまとめさせる。さらに、クライマックスや終結部で読みとったことをもとにして、作品全体を貫いている「主題」を読みとる学習も行いたい。

形象を読み深めていくための方法（形象の読み方）として、次の五つがある。

① 言葉の意味を大事にし、多様な意味を考える

『あめ玉』（光村図書・５年）の冒頭に、「春のあたたかい日」とある。春という言葉から、季節がわかる。しかしそれだけではなく、春の持つ明るさも読むことができる。そのことで『あめ玉』が明るい終わりを持つ作品ではないかと予想できるのである。

② 他の言葉に置き換えて、違いを読む

『ごんぎつね』の、「兵十のかげぼうしをふみふみ行きました。」を「ふみながら」と比べて考える。「ふみふみ」の方が、何回も踏んでいる様子や、楽しそうに踏んでいる様子を読みとることができる。

③ その言葉をなくして、違いを読む

『サーカスのライオン』に、「じんざは、ぐぐっとむねのあたりがあつくなった。」とある。「ぐぐっと」をなくした「じんざは、むねのあたりがあつくなった。」と比べてみる。「ぐぐっと」の言葉がある方が、じんざの心に刺さるように大きく響いた様子を読むことができる。

④ 肯定・否定の両面を読む

『ごんぎつね』に、「ひとりぼっちの小ぎつね」という表現がある。「ひとりぼっち」を否定的に読むと、孤独で寂しいと読むことができる。肯定的に読むと、自由で気ままであるとも読める。

⑤ 立場を変えて読む

『ごんぎつね』で、ごんは兵十にいたずらをする。兵十は、ごんにうなぎをとられて「ぬすっとぎつねめ」と、憎しみの気持ちを持っている。しかし、ごんには盗んだという認識はなく、ただのいたずらなのである。立場による認識の違いが、この後のすれ違いを生むことになる。

低学年では、言葉や文の意味を理解することを大切にする。登場人物は誰か。出来事がどのように進んでいくのか。そして最後にどう終わっているのか等の事件の展開を、場面ごとに丁寧に読みとることである。この読みとりができていないと、話の内容がわからずに、次の学習が難しくなる。まず教師が読むべき箇所を示して、その言葉や文から読みとれる形象を、子どもと一緒に読みとっていくことが大切である。そして、なぜ教師が示した言葉や文が大切なのかを教えていく。

中学年では、場面ごとの出来事をおさえた上で形象の読みに入る。はじめは低学年と同様に、教師が読むべき箇所を示して、そこから形象を読むという形で進めるが、「読みとらなければいけない言葉や文が三か所あります。今日は自分たちで見つけます。」と教師が投げかけて、少しずつ子ども自身の力で読むべき箇所を見つけて、読み深めることができるようにしていくことが大切である。そして形象の読み方を少しずつ教えて、子ども自身の力で読みとることができるようにしていく。

高学年では、読みとるべき箇所を見つける学習は、徐々に自学に移行していく。授業のはじめに読みとるべき箇所を確認し、形象を読み深めることを重視する。形象の読み方を、子ども自身で使えるようにして、自分の力で形象を深く読みとることができるようにしていく。

6　表現技法を読む―比喩、擬人法、倒置法、反復法（繰り返し）、象徴

物語には、さまざまな表現技法が用いられている。普通とは異なる言い方をすることで、物語の世界はより豊かなイメージを持ち、魅力的な世界を作り上げる。それゆえ、表現技法に着目し、その効果を読むことが、物語の読解をより深いものにしていく。技法の効果を考える際には、技法を用いない場合と比べることが有効である。以下に、代表的な五つの技法について述べる。

【比喩―直喩・隠喩】

比喩とは、ある物事を他のものにたとえて説明する技法である。主なものとして、直喩と隠喩がある。直喩は「〜のような」「〜みたいな」といった形が多い。たとえることで読者にわかりやすく説明する働きがある。それに加えて、物語では、たとえるものが持つイメージがそこに付加される。直喩には、わかりやすく説明するだけでなく、用いることでより豊かなイメージを形成していく働きがある。

まず、形に着目しながら、直喩を見つける。次に、何を何にたとえているのかを明らかにする。『白いぼうし』では、「それは、シャボン玉のはじけるような、小さな小さな声でした」といった直喩が用いられている。声の小ささを「シャボン玉のはじける」音にたとえる。シャボン玉がはじける音は耳を澄ませても、聞こえるか聞こえないかくらいの小さな音であることから、「よかったね」という声の小ささがわかりやすく伝わる。また、実際には存在しないシャボン玉を読者にイメージさせることで、シャボン玉の持つ、夏らしく、さわやかで、美しいイメージが場面に加わる。「よかったね」という声に、シャボン玉の視覚的なイメージが付け加わるのである。直喩のない「それは、小さな小さな声でした」と比べてみるとその効果がわかりやすい。

直喩が「〜のような」を介して何を何にたとえているかが明らかなのに対して、隠喩は何をたとえているかを明確に示さないところに特徴がある。『やまなし』では、「なめらかな天井を、つぶつぶ暗いあわが流れていきます」と、谷川の水面を「天井」と表現する。水面は、底から見れば一番高いところである。天井とすることで、谷川の底のかにの視点からとらえた世界が表現される。『ヒロシマのうた』（東京書籍6年）では原爆投下直後のヒロシマの市街を「地獄の真ん中」と表現する。「地獄」と表現した後に、「お化け。目も耳もないのっぺらぼう。」「〜死んでいる兵隊たち」「ぺろりと皮をはがれて……ながめている軍馬」とその様子を説明する。「天井」や「地獄」のように、隠喩は、語り手や人物が対象をどう見ているか（とらえているか）を端的に表現するところに特徴がある。ただし、何のたとえかを明示しないために、わかりにくい場合もある。隠喩は、何をたとえているかを明らかにするとともに、そのように表現した効果や意味を考えることが大切である。

【擬人法】

擬人法の「擬」は、まねるの意。比喩の一種で、ものを人にたとえる技法である。擬人法は、登場人物とものとの関係性を表現するところにその特徴がある。

『モチモチの木』の豆太が医者を呼びに夜道を走る場面で、「霜が足にかみついた」という擬人法が用いられている。裸足で霜を踏んで、足が傷ついて血が出たことを表現しているのだが、擬人法にすることで霜という自然までもが豆太に襲いかかってきている感じが生まれ、豆太の不安感や心細さが強調される。だからこそ、それでも走り続ける豆太の勇気が読者に伝わってくる。

『かさこじぞう』では、じいさまが「ああ、そのへんまでお正月さんがござらっしゃるというに、もちこのよういもできんのう。」と言う。じいさまは、正月を単なる年中行事の一つではなく、「お正月さん」という神様のような存在ととらえている。だから、「お正月さんがござらっしゃる」のである。もちの用意は、自分たちが食べるためではなく、お正月さんを迎えるためなのである。擬人法を用いることで、じいさまやばあさまが正月をどのようにとらえているかがはっきり示される。

【倒置法】

述語が先に配置され、前に置かれる語句が後置される技法。文は、述語で結ばれることで安定感を持つ。その語順が入れ替わることで、不安定な感じが生まれ、読者の注意を喚起する。どの部分が強調されるかは、文脈で考えることが必要である。普通の語順に直したものと比べると、その効果がわかりやすい。

『わたしはおねえさん』では、「すみれちゃんは、もういちど、ノートを見ました。じっと。ずっと。」と「じっと」「ずっと」が後置され、句点をつけられることで、強調されている。そのことで、すみれちゃんがノートを見つめる様子、その時間の長さが効果的に表現されている。

【反復法（繰り返し）】

語句や表現などが繰り返される技法。リフレインともいう。強調の効果とともに、その状態が続いていくこと（時間的継続性）、それが広がっていく（空間的広がり）効果もある。

『注文の多い料理店』では、山猫に食べられそうになった紳士たちの様子を「二人は泣いて泣いて泣いて泣いて泣きました。」と五回「泣く」を繰り返して表現する。繰り返されることで、泣き方の激しさとともに、泣いている時間の長さも表現される。

『きつねのおきゃくさま』では、「ぼうっとなった」という言葉が四回繰り返される。きつねは生まれて初めて「やさしい」とひよこに言われ、「すこしぼうっとなった」に始まり、ひよこやあひるやうさぎから「やさしい」「親切な」「かみさまみたい」と言われるたびに「ぼうっとな」るのである。きつねはひよこたちを太らせて食べるために、彼らに食べ物を与えている。しかし、彼らの誉め言葉を聞くことをうれしいと思うきつねがいるのである。繰り返されることで、ひよこたちを獲物として食べようとするきつねと大事に育てようとするきつねの分裂が激しくなっていくのである。

【象徴】

言葉で説明することが難しい考えや観念などを、具体的なものによって表現する技法。ハトを平和の象徴とする例がわかりやすい。

『一つの花』では、出征間際の父親が娘に「一つだけのお花、大事にするんだよう――。」と一輪のコスモスの花を手渡す。「大きくなって、どんな子に育つだろう」と心配する父親である。戦争に行けば生きて帰れないかもしれない父親である。その父親が娘との最後の別れに手渡す花は、娘に対する愛情の象徴でもある。さらに、戦時において「わすれられたようにさいていた」花は、戦争の対極にある平和の象徴ともなる。最後の場面、ゆみ子の家は「コスモスの花でいっぱいに包まれ」ている。それは、ゆみ子が愛情いっぱいに育っていることを表すとともに、平和な世界をも表している。

象徴は抽象的な思考が求められるゆえに、難しい技法といえる。象徴を読みとるためには、物語の中（主として後半部において）で、具体的なものが象徴の意味合いを持たされていく過程を見ていくことが大切になる。

低学年では、技法の名前を覚えさせる必要はない。まずは、普通の言い方と異なることを理解できることが大切である。その上で、技法の効果を考えていけるとよい。同じ技法が二度三度と出てきた中で、名前を覚えていけばよい。

中学年では、技法の名前を少しずつ覚えるようにしていく。また、どのような技法なのかを子どもたちが説明できるようにしていく。そうすることで技法の理解を進めていくのである。それとともに、どのような効果があるのか、普通の言い方と比べて考えることができるようにしていく。

高学年では、技法の名前を理解し、どのような技法か、どんな効果があるのかを説明できるように求めていく。直喩と隠喩の違いは、高学年で教えていく。形式的な違いだけでなく、表現の効果の違いも考えられるようにしていくことが大切である。

7 語り手（話者）と視点

物語は、虚構（フィクション）である。物語に登場する「私」は作者ではない。物語る人を語り手（話者）という。語り手は、作者によって創られた架空の存在である。語り手を意識できることは、物語の虚構性を意識することにつながる。誰が語るのか、どのように語るかによって、語られる内容は変わる。語り手は、物語を根本で支える重要な存在である。

語り手は、大きく一人称と三人称に分けられる（作品によっては二人称の語り手も存在するがここでは触れない）。物語の登場人物の一人が「ぼく」や「私」として語るのが一人称の語り手（一人称話者）である。物語には直接登場しない人物が、登場人物との間にある距離をおいて語るのが三人称の語り手（三人称話者）である。

『ごんぎつね』は、冒頭「これは、わたしが小さいときに、村の茂平というおじいさんからきいたお話です」と、「わたし」が登場する。一人称の語り手である。しかし、その後の展開の中で、「わたし」は姿を消し、全体としては三人称の語り手になっている。『カレーライス』（光村図書6年）は一人称の語り手である。小学6年生の「ぼく」が語るという設定になっている。

一人称は、語り手の目を通して事件が語られる。したがって、語り手の内面は詳しく語られるが、他の人物の内面を語ることはできない。

一人称の語り手の場合、「わたし」や「ぼく」の目を通して語られることで、語られる内容が語り手に寄り添ったものとなり、主観的になる傾向がある。場合によれば、語り手にとって都合がよいように語られることさえある。小学校の物語教材では、あまり見られないが、一人称の語りの特徴としておさえておくとよいだろう。

三人称の語りは、一人称と比べて、より客観的な語りといえる。三人称の語り手と登場人物との距離のとり方によって語り方は変わる。語り手が誰に寄り添っているか、あるいは寄り添っていないか（語り手と登場人物との距離）を見ていくことが大切である。『お手紙』では、語り手はかえるくんに寄り添って語っている。それゆえ、読者もかえるくんの側からがまくんを見ていくことになる。『一つの花』で語り手は「お母さんは、戦争に行くお父さんに、ゆみ子の泣き顔を見せたくなかったのでしょうか」と母親の気持ちを推測し、客観的に語ろうとしている。三人称の語り手では、誰に寄り添っているか、どのような視点から語っているかというところに注意することで、物語の語られ方が見えてくる。

『ごんぎつね』では、語り手はごんに寄り添って語るが、最後の場面では兵十に寄り添う。それまでごんの視点で語ってきていたが、「そのとき兵十は、ふと顔を上げました。（中略）こないだ、うなぎをぬすみやがったあのごんぎつねめが、またいたずらをしに来たな。」から兵十の視点になる。このように物語の途中で視点が変わることを視点の転換という。

低学年では、作者と筆者の違いをしっかり教えていく。その違いから物語が虚構であることを意識させていくのである。もちろん、低学年で虚構の意味が十分に理解できるわけではない。物語には、それを作った人がいること、本当の話ではないことが少しずつわかっていけばよい。また読みの過程で、誰に寄り添って語られているかという視点を意識させていきたい。その際に有効となるのが中心人物をおさえることである。『スイミー』ではスイミーが、『わたしはおねえさん』では、すみれちゃんが中心人物である。中心人物をおさえることで、誰に寄り添って語られているか（視点）がとらえやすくなる。また、低学年では、語り手・視点という用語を無理に教える必要はない。

中学年では、作者と筆者の区別ができるようにしていく。またなぜ、物語では作者というのかということを子どもたちが説明できるようにしていく。物語の虚構性を少し意識できるようにしていくのである。その上で、物語には語り手がいることを教えていく。そのために、作者と語り手とは、違うことを教えることが重要になる。作者と語り手の違いを説明する時に次のような例がわかりやすい。『吾輩は猫である』の作者は夏目漱石である。しかし、「吾輩」が夏目漱石かといえば、そうではない。語り手である「吾輩」は、苦沙弥先生の家の猫である。『モチモチの木』などの作品を通して、語り手とはどのような存在なのかを具体的に子どもたちがイメージできるようにしていく。『モチモチの木』は、冒頭「まったく、豆太ほどおくびょうなやつはない。もう五つにもなったんだから、～」と語り出し、豆太を臆病という語り手の存在を意識しやすい作品である。さらには、誰に寄り添って語っているかという視点を意識して読めるようにしていくとともに、視点の転換を教えていく。

高学年では、作者と筆者の区別とその理解をしっかりと子どもたちのものにしていく。物語が虚構であることがわかるとともに、語り手と作者の違いを理解して物語が読めることである。さらに、語り手と登場人物との距離を考えることで、語り手が登場人物をどのように見ているかを考えられるようにしていく。また、視点の転換も読みとることができるようにしていく。

『大造じいさんとガン』の前書きでは「わたしは、その折の話を土台として、この物語を書いてみました」と作者の椋鳩十と誤解しそうな語り手が登場する。このような場合でも、作者と語り手を区別し、語り手である「わたし」が語り直した物語として『大造じいさんとガン』を読むことができることが大事である。『やまなし』では「小さな谷川の底を写した、二枚の青い幻灯です」と幻灯を映す一人称の語り手が登場する。しかし、「五月」「十二月」では一人称の語り手は姿を消し、かにの視点に寄り添って語っていく。幻灯を映す語り手を意識しながら、かにの視点から見るという二重の視点が求められる作品といえる。

一人称の語り手の作品は、高学年の方がより多く見受けられる。一人称の語り手の場合、なぜその語り手にしたのか、一人称で語る意味がどこにあるのかといったことが、大きな意味を持つ。さらに高学年では、なぜその語り手に設定したのか、その意味も考えていけるとよい。

コラム1

言葉の意味を楽しく覚える

正しい方を選ばせるという意味指導を紹介する。『かさこじぞう』に「大みそか」という言葉が出てくる。意味を説明した後、次の例文を示し、正しい方はどちらかを問う。

① 明日は大みそかだ。長かった一年もあと一日で終わりだ。○
② 今日で十一月も終わりだ。明日からいよいよ大みそかだ。×（正しくは「師走」）

低学年では、子どもに例文を作らせない方がよい。遊び感覚で楽しく行いたい。『モチモチの木』なら「とうげ」について考える。

① 日が陰ってきたので、彼はとうげを目指して山道を急いで登って行った。○
② とうげに広がる町並みは、この辺りのにぎやかな様子を伝えている。×（正しくは「麓」）

『大造じいさんとガン』では「感嘆」を扱う。

① 役者の迫力ある演技に、会場のいたる所から感嘆の声がわき起こった。○
② 飼っていた小鳥を逃がしてしまい、彼女は感嘆の涙を流していた。×（正しくは「悲しみ」など）

言葉の意味は説明だけでは身につかない。用例の正誤判断をさせていくことで定着を目指したい。

8 主題（テーマ）・あらすじを読む

主題とは、物語の各場面の形象の重なりの中に見出される一貫性・統一性・法則性を持ったもののことである。分析的に読みとってきた形象の流れを統合し、そこにあるまとまりを見出すのが、主題を読むということである。ただし、そのまとまりのどこに着目するか、どこに焦点を当てていくか、またどのように解釈するかによって、主題の有り様は変わってくる。形象の一貫性・統一性・法則性という点では客観性を持つが、読者の着目する点や解釈の仕方によっては、主観的な要素をも持つのである。その意味で、主題は客観性と主観性の間に位置するものといえる。したがって、着目する点や解釈によって、二通り、三通りの主題があり得る。

主題を、作者が最も伝えたいこと、作者からのメッセージとする考え方がある。しかし、そう考えると主題は作者に聞かなくてはわからないといったことになりかねない。作者が何を伝えたいかではなく、作品が何を語ろうとしているかと考えることで、主題は読みとり可能なものとなる。

物語の主題を道徳的に読みとろうとする傾向がしばしば見られるが、主題が道徳的である必要は全くない。道徳のために、私たちは物語を読むのではない。道徳的な価値づけは、読む楽しさを半減させかねない。ともすれば、子どもたちは主題を道徳的に読みとろうとする。それは、これまでの国語教育が物語を道徳的に読みとることを求めてきた結果でもある。授業を重ねていく中で、子どもたちが主題のとらえ方を理解していくように指導することが大切である。

物語を読むこと自体が楽しいことである。物語を通して私たちは、知らない世界と出会ったり、違う人生を体験したり、日常ではできない経験をしたりする。また国語の授業では、物語を読むことを通して、一語一文にこだわり、言葉を深く読むことができるようになっていくことを目指す。そして、物語の工夫や仕掛けの意味がわかっていくことで、物語の魅力もふくらんでいく。主題を読むことは、そのような授業の延長線上に位置づけられる、物語の抽象化を目指す読みの過程といえる。

主題は、どのようにして読みとっていけばよいのだろうか。

第一に、クライマックスを中心とした作品の形象の変化を読むことである。クライマックスで何が変化したのか、変化はどのように描かれているのかを読みとる。その際に大事なことは、クライマックスの箇所だけで考えるのではなく、それ以前にどのように描かれてきたのかと対応させて変化を考えることである。変化は、それ以前の形象の流れと比較することで、鮮明に見えてくる。

二つ目に、一つ目で読みとったことを終結部の形象と関わらせて考える。終結部ではクライマックスで示された主題が語り直されたり、変奏されたりする。『モチモチの木』は終結部で「人間、やさしささえあれば」と勇気の大本が「やさしさ」であることが語られる。勇気の質が終結部で語られているのである。

三つ目に、題名は主題と深く関わっていることが多い。一つ目、二つ目で読みとった主題を、題名と照らし合わせて考えることで、より主題が明らかになることがある。『海の命』では、最後に「大魚はこの海の命だと思えた」と題名が登場する。直接には瀬の主のことであるが、それが表している象徴性から主題が見えてくるのである。

主題を読む力とは、形象を総合し、物語を再構成していく力である。分析的に読んできたものを総合し抽象化していく、それが主題を読むことである。それは子どもたちに、まとめ・抽象化していく思考を求めるものである。したがって、主題を読むのは抽象的思考に向かっていく中学年以降でよい。

主題を読む前の段階では、あらすじをまとめていく。ここでいうあらすじとは、事件の展開を短くまとめたものである。物語の読解のはじめに、場面分けを行い、そこでおおよその物語のすじをとらえる。ただし、この段階ではすじを文章化してまとめることよりも、子どもたちが物語の内容を大づかみすることに重きをおく。○○が××して、××して、××して、……△△になったね、とダラダラしたまとめ方でよい（実践編の場面分け参照）。子どもたちがこれから読む物語の展開をおおよそとらえられることが大事なのである。読解の終わりの段階でのあらすじは、より簡潔に、物語全体の内容をまとめることを目指す。事件の骨格をとらえ、できるだけ簡潔にまとめるのである。

あらすじ・主題を読むことの系統性は次のように考える。

低学年では、場面ごとに読みとった内容を、あらすじとして短くまとめることを行う。はじめは、子どもたちにどんなお話だったかを言わせながら、教師がまとめていく。それを繰り返す中で、子どもが自分であらすじをまとめることができるようにしていくことを目指す。あらすじをまとめることは、主題を読みとる入り口に立つことである。

中学年では、子ども一人ひとりがあらすじを短くまとめることができるようにしていく。子どもがまとめたあらすじを全体で検討し、どのようにまとめたらよいかを考えていくのもよいだろう。そして、まとめたあらすじをもとにして、主題を考えていく。その際、主題を一つにまとめることをせず、一人ひとりの考えを尊重していけばよい。大事なことは、あらすじに基づいて主題を考えられているかどうかということである。中学年段階では、抽象的思考はまだまだ難しい。

高学年では、あらすじは自分でまとめられるようにする。字数制限をかけてまとめさせてもよいだろう。その上で、クライマックスを中心とした山場の部・終結部・題名などから、作品の主題を考えていく。主題が二つ三つに分かれることがあってもよい。高学年では、子どもたちが抽象的思考に目を向けられるようにしていくことが大切である。

最後に、授業で常に主題をまとめる必要はない。中学年では、年に一～二作品で主題を考える授業をすればよいだろう。高学年でも、子どもたちが取り組みやすい作品で行うことを基本とし、授業で扱わない場合は、自主学習などで取り組んでいけばよい。

コラム2

音読を効果的に生かす

音読の指導は、二つの点で重要である。

一つ目は、小学校の中学年くらいまでは黙読より音読の方が内容の理解がより進む。声を出すことによって、視覚だけではなく聴覚も働き、正確で明瞭に読めるようになるからである。二つ目は、音読は授業の規律やリズムを作り出す。音読する声が教室に響き、みんなで同じ音を共有する、そんな授業の雰囲気を大切にしたい。

音読は、ねらいに応じて効果的に取り入れていく。

① 追い読み　教師の読みに続いて、子どもが読んでいく方法。新出漢字などの読みを指導することができる。
② 交代読み　教師と子どもで一文ずつ交代したり、男子と女子で段落ごとに交代して読んだりする方法。
③ 二人読み　隣同士向かい合って読む方法。二人で一緒に読んでもいいし、一文ずつ交代して読んでもよい。
④ 丸読み　一文ずつ順番に音読する方法。音読が不得意な子どもも比較的容易に取り組むことができる。
⑤ グループ読み　グループ全員がそろって一斉に音読する方法。そろえて読むことを重視する。
⑥ 一斉読み　クラス全員で声をそろえて音読する方法。前時の復習や、本時の課題を確認する時などに行う。
⑦ たけのこ読み　自分が読む文を決めて、自分のところに来たら立って読む方法。友だちと重なったら一緒に

読む。誰もいないと教師が読むようにしておき、ゲーム感覚で楽しく音読することができる。

⑧ ダウト読み　子どもが読み間違うと、他の子どもが「ダウト」と言って立ち、音読を交代する方法。緊張感があり、ゲーム感覚で音読することができ、集中した雰囲気を作ることができる。

⑨ スピード読み　普段より速いスピードで音読する方法。学習の最後に、音読が上達したことを確認できる。

9　吟味・評価

吟味・評価は、読者が物語から少し距離をおいて、作品を冷静に見返す段階といえる。私たちは物語を読んだ時、「面白かった」「感動した」とか「つまらなかった」「イマイチだった」といった感想を持つ。なぜ面白かったのか、何に感動したのか、つまらなかったのはどうしてか、どこがイマイチだったのかといったことを考えていくことで自らの感想を深く掘り下げていくことができる。それは、物語をさらに深く読むことにつながるとともに、作品を批評する力を育てることになる。

これまで物語の授業において、作品は絶対的なものであり、感動することが当然といった授業が多くなされてきた。結果、子どもたちに対して感動の押しつけがなされることもあった。物語の授業に感動はいらない、と言っているのではない。魅力的な作品を取り上げることは大事であるし、作品を読んで心が揺さぶられる経験も大切にしたい。だからこそ、作品の面白さや魅力をきちんと読みとれる力を子どもたちの中に育てていくことが重要になる。また、つまらない時には、なぜつまらないかを考えることができる力が大切になる。ただ「感動した」というだけではなく、どこが面白かったのか、なぜ泣けてきたのかといった感動の根源にさかのぼって分析的に考えることができる力を育てるのである。そのためには、作品の工夫・仕掛け・表現の面白さなどがわかる力が大切になる。第一章　理論編　第2節「1」～「8」で述べてきたのは、そのような力を育てるものといえる。それらを土台として、作品を吟味・評価する力を育てていく。それは、批評する力であり、作品を相対化する力といえる。

吟味・評価の着目のポイントを五つ述べる。

①　物語の面白いところを評価する

物語の面白さをしっかりとつかめることが、吟味・評価する力の土台である。『おおきなかぶ』では、かぶを抜くことが繰り返されるところに面白さがある。『一つの花』では、「一つだけ」の意味がクライマックスで大きく変化するところにポイントがある。『やまなし』では、「五月」「十二月」の二枚の幻灯をどう解釈するかというところに魅力がある。

表現の工夫や作品の仕掛け、伏線の効果などが、物語をどのように面白くしているかを評価するのである。特に低・中学年では、物語の面白さ、楽しさをとらえることを大事にしていく。

② 人物や事件の展開を考える

『モチモチの木』の最後で、豆太がじさまをしょんべんに起こすことが再び語られる。じさまの病気で、医者を呼びに夜道を一人で駆けた豆太であったが、その後もじさまをしょんべんに起こすことは変わらない。そんな豆太をどう思うのか。『注文の多い料理店』では、二人の紳士の有り様や行動に共感するのか、しないのか。それはどうしてなのか。『海の命』で、太一は瀬の主（クエ）にもりを向けるが、最終的には殺さないことを選ぶ。この展開に納得できるか。

人物の性格や行動、描かれ方、事件の展開について、納得・共感するのか、しないのか。それは、どうしてかを考えることを通して物語をとらえ直していく。

③ 視点や語り手を変えて考える

『注文の多い料理店』は山猫の視点から描いたら、どのような物語になるだろうか。『風切るつばさ』の事件を、クルルが仲間はずれになる原因となったカラの視点からとらえ直したらどうだろうか。『やまなし』の最初と最後の二文がなく、「五月」と「十二月」だけの話であったら、どう違うだろうか。

視点や語り手を変えることで、物語の違う一面が見えてくる。そこから物語をとらえ直すのである。

④　導入部・終結部の有無など構成を手がかりに考える

『サーカスのライオン』の終結部で、じんざのいないサーカスの火の輪くぐりが描かれる。この場面があるのとないのでは、どう違うだろうか。『ごんぎつね』には終結部がない。どうして語り手は終結部を語らないのだろうか。『大造じいさんとガン』には、導入部に相当する「前書き」があるものとないものとが存在する。その違いを考える。

導入部や終結部がない作品では、それがなぜ書かれていないのかを考えてみる。また、導入部や終結部がある作品では、それがない場合と比べてみることで、構成の意味を考えることができる。

⑤　他の作品と比較して考える

比較は、ものごとを相対的に見せてくれる。同じ作家の別の作品、同じ作品でも訳者が異なるもの、バージョンの異なる作品、似たテーマを持つ別の作品などと比べてみる。共通しているのはどこか、どんな違いがあるか、どちらをよいと思うか、それはなぜか？

『大造じいさんとガン』には、文体が敬体と常体の二通りがある。読み比べ、どちらがよいかを考えてみる。『おおきなかぶ』の二つの訳（実践編参照）を比べて、どちらをより評価するか考えてみるのも面白い。小学1年生の教材だが、比較するのであれば高学年で扱うことも可能である。

低学年では、作品の面白いところやよいところを評価していく。そのことを通して、物語の魅力をとらえる力を育てていく。具体的にどこが面白かったのか、どうして面白いと思ったのか、理由をつけて考えられるようにしていくことが大切である。たとえば、『おおきなかぶ』で、途中の過程をなくして、おじいさんが一人でかぶを抜けなかった後、おばあさん、まご、いぬ、ねこ、ねずみを呼んでみんなで抜いたという話にして比べてみる。かぶが抜けるのは同じでも、途中の繰り返しがないものとどう違うか考えることで、繰り返しの面白さを再確認するのである。

また、物語の面白さや魅力を発見していくために、関連する作品の紹介や読み聞かせを行うのもよい。たとえば、『お手紙』ならそれが収録されている『ふたりはともだち』（文化出版局）の他の話を読み聞かせる。『かさこじぞう』は、瀬田貞二の『かさじぞう』（福音館書店）を読んでみる。特に、低・中学年では、物語を読むことの楽しさを大事にしていきたい。そのためにも、子どもたちがいろいろな物語と触れる機会を大切にしていきたい。

中学年では、先に述べた吟味・評価のポイント②〜⑤を少しずつ授業の中に取り入れていく。たとえば、『モチモチの木』の最後の三行「――それでも、豆太は、じさまが元気になると、（中略）しょんべんにじさまを起こしたとさ。」がない場合と比較して考える。それを、一〇〇字程度の意見文にしてもよいだろう。物語を読むことの楽しさを大事にしながらも、角度を変えて物語を見ることができるようにしていくのである。

高学年では、吟味・評価する力を子どもたちが自分で使うことができることもねらいとしていきたい。この物語ではどの観点で吟味・評価すると面白いか、といったことを子ども自身が考えていけるとよい。たとえば、『海の命』のクライマックスで、太一はこれまで父の仇と追い求めてきたクエ（瀬の主）を父と思うことで、対決を回避する。この太一の変化は、すべての子どもがすんなりと理解できるものではないだろう。そこでポイント②「人物や事件の展開を考える」を子どもたちが使っていけるようにしていくのである。

吟味・評価では、唯一絶対の正解があるわけではない。そこで気をつけなくてはならないことは、物語の一語一文に根拠を持って考えることである。作品の表現を離れた意見や感想の言い合いは、物語を読む力を鍛えることにはつながらないし、作品を読み深める話し合いにもなっていかない。作品の表現に根拠を持つことで、話し合いはかみ合い、読む力も鍛えられていく。

吟味・評価は、相対化するところにねらいがある。そのことで、ものごとを相対化してとらえる力を育てていく。また、吟味・評価したことを文章化していく過程も大事である。意見文や批評文を書くことで、書く力を鍛えることにもつながる。子どもたちが作品の表現に根拠を持って考えていくことができるならば、子どもたちが何を書いてよいかわからないということはなくなる。意見文や批評文の指導は、子どもたちが書くべき内容をしっかりと持った上で、書きはじめることができる点でも有効な指導といえる。

コラム3

物語で意見文を書く—「読み」から「書き」への展開

『モチモチの木』は、次のように終わっている。

—それでも、豆太は、じさまが元気になると(中略)/「じさまぁ。」/と、しょんべんに起こしたとさ。

確かに、豆太は夜道を駆けて医者様を呼びに行き、モチモチの木に灯がついているのを見た。しかし、その豆太の「しょんべん」は以前と変わっていない。そこで少し挑発的に、次のように問いかける。「終わりの三行がない方が、豆太が『勇気のある子ども』であることがはっきりしていいと、先生は思いますが、みなさんはどう思いますか?」

答えは分かれる。ない方がよいという子どももいれば、ある方がよいと考える子もいる。その理由を作品の表現に基づいて交流した後、自分の考えを一〇〇字で書く。

『海の命』の最後で、太一は瀬の主(クエ)に対して「おとう、ここにおられたのですか。また会いに来ますから。」と語りかけ、モリを打たないで終わる。敢えて、太一が瀬の主を殺す方が自然ではなかったかと問いかけ、どちらの方がよいかを話し合い、その後で自分の考えを二〇〇字で書く。

二〇一七年学習指導要領の中学校3年「読むこと」の指導事項で次のように述べている。

> イ・文章を**批判的に読みながら**、文章に表れているものの見方や考え方について考えること。
> ウ・文章の構成や論理の展開、表現の仕方について**評価する**こと。
> （傍線筆者）

義務教育の終わりの段階で、物語・小説を批判的・評価的に読めることが求められている。そのためには前述のように、小学校から少しずつ指導していくことが大切になる。

書く時には次のことに留意する。

① 個人で考える時間をとる。その後、クラスや班の中でお互いの考えを交流する。書き始める前に、**書くための材料をきちんと持つことが、書くことを容易にしていく**のである。

② **型にはめて書く**。はじめに、自分の立場（ある方がよいかない方がよいか等）を述べ、その後に理由を述べる形にすることで、書き出しで戸惑うことがなく書き始められる。

③ 字数（一〇〇字～二〇〇字）を決め、**一〇分～一五分で書く**。

④ 書き上げたら、**すぐに推敲に入る**。大人でも、はじめからきちんとした文章が書けるわけではない。書いている時は、漢字や文のねじれ、句読点のうち方、原稿用紙の使い方などをあまり気にせずに書けばよい。書き上げた後に赤鉛筆で、訂正したり、書き加えたり、削ったりしていく。推敲が、書く力を伸ばしていくのである。それゆえ、推敲のポイントを教えていくことが大事になる。

第1節　小学校　低学年

1　『おおきなかぶ』　ロシア民話

（光村図書・東京書籍・教育出版・学校図書・三省堂　1年）

(1)　作品の成り立ちと人物

○成り立ち

教科書には、A・トルストイの再話をもとに、内田莉莎子訳（東京書籍・教育出版・学校図書・三省堂）と西郷竹彦訳（光村図書）が掲載されている。二者の違いは後述。内田訳にも若干の相違がある。

○人物

おじいさん　おばあさん　まご　いぬ　ねこ　ねずみ

＊挿絵のまごが女の子になっているのは、A・トルストイの再話が、孫娘になっていることによる。

(2)　場面分け

教師が1～3場面までの場面分けを示し、4場面以降をどこで

場面	範囲	内容
1	はじめ～おおきいかぶができました。（～おおきなかぶになりました。）	おじいさんが、かぶの種をまき、大きなかぶができる。
2	おじいさんは、かぶをぬこうと～ところが（けれども）、かぶはぬけません。	おじいさんは、かぶを抜こうとしたが抜けない。
3	おじいさんは、おばあさんを～それでも（それでも）、かぶはぬけません。	おじいさんとおばあさんの二人でもかぶは抜けない。
4	おばあさんは、まごを～まだまだ（やっぱり）、かぶは　ぬけません。	おじいさんとおばあさんと孫の三人でもかぶは抜けない。
5	まごは、いぬを～　まだまだ、まだまだ（まだまだ）、ぬけません。	おじいさん、おばあさん、孫、犬の四人でもかぶは抜けない。
6	いぬは、ねこを～それでも（なかなか）、かぶはぬけません。	おじいさん、おばあさん、孫、犬、猫の五人でもかぶは抜けない。
7	ねこは、ねずみを～おわり	おじいさん、おばあさん、孫、犬、猫、ねずみの六人でやっと（とうとう）かぶは抜けた。

分けたらよいか子どもたちに考えさせる。人物が新たに加わるところが場面の変わり目であることに気づかせていきたい。2～6場面では抜けなかったかぶが、7場面で抜ける。それゆえ、7場面で一番大きく変化している。変化を場面単位で考えることで、あらすじをつかみ、全体の構成をつかんでいく。

(3) 形象よみ

○おじいさんが、かぶの　たねを　まきました。

傍線部には、「かぶを　うえました」の訳（三省堂）もある。内田訳の絵本『おおきなかぶ』（福音館書店「こどものとも」一九六二年）でも「かぶを　うえました」となっている。ロシア語では「種を地面に埋める」という意味の言葉である。ここを、貧しいおじいさんが一粒の種を大事に蒔いたとする考えもある。

○「あまい　あまい　かぶに　なれ。おおきな　おおきな　かぶに　なれ。」（繰り返し）

繰り返すことでおじいさんの願いの強さがわかる。先に「あまい」と言うのは、かぶの味（質）を大事に思っているからである。「あまいかぶになれ。おおきなかぶになれ。」と比べて、どう違うか考える。

○2～7場面における繰り返し

場面分けやあらすじを読みとる中で、かぶを抜く動作が繰り返し出てくることに気づかせていく。2～6場面では、「『うんとこしょ、どっこいしょ。』／～かぶは　ぬけません。」という表現が繰り返されている。かぶを抜く人が増えても抜けないことで、かぶの存在が読者の中でより大きくイメージされていくことになる。また、簡単に抜けないことで、面白さが増す。さらに、繰り返されることでリズムもよい。

「うんとこしょ、どっこいしょ。」は、「うんとこしょ」五音、「どっこいしょ」も五音で、リズムがよい。音読では少しゆっくりめに読むと、力を入れてかぶを引っ張っている様子が表現される。

○2〜7場面で、抜く人が一人ずつ増えていく

おばあさん、まご、いぬ、ねこ、ねずみと抜く人が増える。それも、前よりも体（力）の小さいもの（弱いもの）が加わっている。そのことに、子どもたちが気づけるようにしていきたい。

なぜ、おじいさんは「おとうさん」や「おにいさん」といった力の強い人を呼ばなかったのか。その理由は書かれていない。おじいさんは、あと少しで抜けそうだと思ったから、おばあさんを呼んだのではないだろうか。またおばあさんも、もう少しで抜けそうだと思ったからまごを呼んだのではないか……。あるいは、近くにはおばあさんやまごといったあまり力の強くない人しかいなかったのではないか。力の強くないものたちが集まって力を合わせるから、物語として面白いし、リアリティも出てくる。力の強い大人が六人集まって抜くのでは、面白みがないだろう。正解はないことを踏まえた上で、子どもたちに自由に考えさせてもよいだろう。

繰り返しの面白さを考えさせるためには、一人ずつ加わっていくのと、一度に全員で抜くのと、どちらが面白いかを比べてみるとよい。全員でそろって一度でかぶを抜いてしまったら、物語の魅力は半減する。かぶが抜けそうで抜けないからこそ、面白いのである。

○つなぎ言葉の違い

「ところが（けれども）」〜「それでも（なかなか）」までは、文末まで読まなくても、抜けないことが予想できる言葉である。それに対し、「やっと（とうとう）」は、かぶが抜けたことがわかる言葉である。

〈内田訳〉ところが・それでも・まだまだ・まだまだ、まだまだ・それでも・やっと

かぶが抜けない状態が徐々に高まっていくように、言葉が配列されているところに特徴がある。「ところが」は、予想に反する結果の時に用いられる言葉。おばあさんが加わっても抜けなかったことで「それでも」となる。三回目が「まだまだ」、四回目が「まだまだ、まだまだ」と「まだまだ」が倍加することで、抜けない程度が強くなっている。五回目に再度「それでも」が用いられる。

〈西郷訳〉けれども・それでも・やっぱり・まだまだ・なかなか・とうとう

つなぎ言葉がすべて四音になっている。その後に続く「かぶは　ぬけません」「かぶは　ぬけました」と合わせると、四＋三音（七音）・五音になり、リズムがよい。「けれども」は、抜けると思ったが、抜けなかったことを表す。「それでも」は、二人でがんばったが抜けなかったことを示す。「やっぱり」は、孫が加わっても無理ではないかという語り手の判断を示している。

○かぶをひっぱる描写の違い

〈内田訳〉ねずみが　ねこを　ひっぱって、ねこが　いぬを　ひっぱって、いぬが　まごを　ひっぱって～

「○○が△△を～」と「主語＋目的語＋述語」という形の繰り返しで、わかりやすい。「ねこは、ねずみをよんできました。」「ねずみがねこをひっぱって、ねこがいぬをひっぱって」と視線がねずみ、ねこ～おじいさんと後ろから順に来て、最後にかぶに向かう。視線の移動が自然である。

〈西郷訳〉かぶを　おじいさんが　ひっぱって、おじいさんを　おばあさんが　ひっぱって、おばあさんを～

「△△を○○が～」と「目的語＋主語＋述語」という形の繰り返しになっている。「ねこは、ねずみをよんできました。／かぶをおじいさんがひっぱって」で視線が「ねずみ」から「かぶ」に飛び、「ねこをねずみがひっぱって～とうとう、かぶ はぬけました。」で再度視線が「ねずみ」から「かぶ」へ飛ぶ。それゆえ、物語の展開を追いかけにくいところがある。ただし、かぶ・おじいさん・おばあさん……という順序で語られるので、動作化はしやすい。一番最後のねずみの存在が印象づけられるところにも、その特色がある。

(4) あらすじ

みんなで力を合わせてかぶを抜く話。

(5) 言葉による見方・考え方を鍛える発問アイデア

場面 **第4時全8時間** **発問のねらい** **場面を比べて、変化を考える。**

教師1 2～7場面全部にある言葉は？（**子ども** 「うんとこしょ、どっこいしょ。」）
教師2 その他に、繰り返し出てきている言葉はあるかな？（**子ども** 「～は、～をよんできました。」「～が～をひっぱって（～を～がひっぱって）」「かぶはぬけません。」）
教師3 2～7場面で何が変わっている？（**子ども** 「かぶを抜く人が増えている。」）
教師4 一番大きく変わったのは、どの場面？（**子ども** 「7場面。」）
教師5 どうして？ 理由は？（**子ども** 「抜けなかったかぶが抜けたから。」）

2 『たぬきの糸車』 岸 なみ作

（光村図書　1年）

(1) 作品の成り立ちと語句と人物

○成り立ち

岸なみ編『伊豆の民話』（未来社　一九五七年）所収の「たぬきの糸車」を再話し直した作品。

○語句

つむぐ　綿の種子から繊維を引き出して、よりをかけて糸にする。

吹き出す　我慢できなくなって笑い出す。

＊糸車・しょうじ・いたの間・土間・いたどなどは、動画や写真などで示すとわかりやすい。

○人物

きこりのふうふ―きこり　おかみさん（中心人物）　たぬき

(2) 場面分け

「むかし」「ある月のきれいなばん」「あるばん」「やがて」「は

場面	範囲	内容
1	はじめ～わなをしかけました。	むかし、山おくの一けんや。（場面の紹介）
2	ある月のきれいな～かわいいいな。」	おかみさんが糸車をまわすのを、たねきがまねをする。
3	あるばん～にがしてやりました。	おかみさんは、わなにかかったたぬきをにがしてやる。
4	やがて、～下りていきました。	ふゆになり、きこりのふうふは村に下りる。
5	はるになって～おわり	るすのあいだ、たぬきが糸車をまわし糸をつむいでいた。

るになって」と時を表す言葉を手がかりに場面分けをする。

(3) 形象よみ

○むかし、ある山おくに、きこりのふうふがすんでいました。（時・場・人物）

はじめに、時（むかし）と場（山おく）と人物（きこりのふうふ）が示される。昔話『桃太郎』「むかしむかし、あるところに、おじいさんとおばあさんが住んでいました。」の書き出しと同じであることに気づかせたい。「山おく」は、人里からだいぶん離れた、さみしいところである。

○山おくの一けんやなので、まいばんのようにたぬきがやってきて、いたずらをしました。

山奥なので、たぬきも仲間がおらず、さみしかったのかもしれない。どんないたずらをしたのか、子どもたちに考えさせたい。畑の作物を荒らす・うちの中に上がり込む・食べ物をとっていく……。たぬきの登場する昔話には、「かちかち山」「ぶんぶく茶釜」「化けくらべ」などがある。単元の前後で、紹介したい。

○ある月のきれいなばんのこと、おかみさんは、糸車をまわして、糸をつむいでいました。（事件のはじまり）

中秋の名月の頃。秋は四季の中でも、最も大気が澄むので月が一番美しく見える季節とされている。俳句では、「月」は秋の季語である。秋に綿花が収獲され、綿から糸を作り、糸を使って布を織る。糸つむぎは、その中の一工程であり、昔の人の内職である。おかみさんが、暮らしの助けにしているのだろう。

○ふと気がつくと、（中略）あなから、二つのくりくりした目玉が、こちらをのぞいていました。（擬人法）

「たぬきが、のぞいている」と比べると、目玉を強調した言い方で、はじめは目玉しか見えていなくて、その後にたぬきだとわかったということである。目玉だけが見えていることで、少しユーモラスな感じになる。

○それからというもの、たぬきは、まいばんまいばんやってきて、（中略）まねをくりかえしました。（繰り返し）

以前は、「まいばんのように」、今は「まいばんまいばん」やってくる。「まいばんのように」は、毎晩必ずやってくるわけではない。「まいばんまいばん」は、毎晩必ずやってくる。繰り返すことで、たぬきが毎晩欠かさずやってくることを強調している。おかみさんが糸車を回す様子を見たり、糸車を回す真似をすることを、たぬきが楽しんでいることがわかる。

○「いたずらもんだが、かわいいな。」

おかみさんのたぬきに対する思いが変わってきて、たぬきに対して、好意を持ってきている。「かわいいけど、いたずらもんだな」と比べてみると、かわいい方に、重点があることがわかる。

○おかみさんは、そういって、たぬきをにがしてやりました。

たぬきを「かわいい」と思うようになったので、逃してやった。おかみさんのやさしい気持ちがわかる。また、毎晩、糸車を回す真似をしているということは、いたずらをしなくなってきたのかもしれない。

○やがて、山の木のはがおちて、ふゆが（中略）、きこりのふうふは、村へ下りていきました。

秋から冬への季節の変化、場面の変わり目である。なぜ村へ下りていったのか、その理由を考えさせたい。山奥なので、雪が降ると生活できない。食べ物がなくなる。村との行き来が大変になる。雪の中だと、木を切ったり、運んだりできない……。たぬきからすると、おかみさんが糸車を回すのを見ることができなくなる。

○はるになって、また、きこりのふうふは、山おくのこやにもどってきました。

冬から春への季節の変化。冬から春への変化は、何か明るいことが起こることを予感させる。

○そっとのぞくと、いつかのたぬきが、じょうずな手つきで、糸をつむいでいるのでした。（クライマックス）

たぬきがたくさんの糸を紡いでいたことが、はっきりする。たぬきは、冬の間、糸車を回して糸を紡ぐことを自分ですることができた。それは、たぬきにとって、とても楽しいことではなかっただろうか。また、たくさん糸を紡ぐことで、糸紡ぎが上手になっていった。おかみさんに助けてもらった恩返しに、たぬきは糸を紡いだとも考えられる。「たぬきの糸車」という題名の意味がここで明確になる。

○そして、うれしくてたまらないというように、ぴょんぴょこおどりながらかえっていきましたとさ。

なぜ、たぬきはうれしいのだろう。冬の間に、山のように糸を紡ぐことができたうれしさ。自分がやってみたくてたまらなかった糸車を回すことを、いっぱいやることができたうれしさ。たくさん糸を紡ぐことで、糸紡ぎが上手になったうれしさ。たくさんの糸を紡いで、おかみさんに恩返しすることができたうれしさ。おかみさんが戻ってきて、これからはさびしくないことのうれしさ。あたたかい春になったうれしさなど。

『伊豆の民話』では、最後を「たぬきは、おかみさんのために、一年中の糸を、みんなつむいでおいてくれたのでありました。」と結んでいる。本作品は、たぬきの報恩譚に焦点化せず、ふんわりとしたあたたかさを持って終わっている。

(4) あらすじ

おかみさんに助けてもらったたぬきが、冬の間に糸車を回し、たくさんの糸をつむいだ話。

(5) 言葉による見方・考え方を鍛える発問アイデア

場面 **第9時全10時間** **発問のねらい** **たぬきは何がうれしかったのか考える。**

教師1　みんなで、最後の一文（そして、うれしくて～いきましたとさ。）を読みます。
教師2　たぬきは、冬の間何をしていた？（**子ども**「糸つむぎ・糸車を回していた。」）
教師3　なぜ、冬の間、たぬきは糸車を回していたんだろう？（**子ども**「おかみさんがするのを見て、やりたいと思ってたから。」「おかみさんに恩返しをしようと思ったから。」）
教師4　たぬきが作ったたくさんの糸の束を、おかみさんはどう思っただろう？（**子ども**「自分のかわりにやってくれてうれしかった。」）
教師5　たぬきは、どうして「うれしくてたまらない」様子だったんだろう？（**子ども**　教材研究参照）

3 『きつねのおきゃくさま』 あまん　きみこ作

（教育出版・学校図書・三省堂　2年）

(1) 作品の成り立ちと人物

○成り立ち

初出は『きつねのおきゃくさま』（サンリード　一九八四年）。初出との大きな異同が一箇所ある（後述）。

○人物

きつね（中心人物）　ひよこ　あひる　うさぎ　おおかみ

(2) 場面分け

行空きによって、六つの場面に分かれる。[1]～[4]場面は、あひる、うさぎ、おおかみと新しい人物が登場することで場面が変わる。「そして、おおかみは、とうとうにげていったとさ。」は[4]場面に含む。[5]場面が一番大きい変化である。きつねの死、そしてきつねが三羽を食べることができず、食べようとしていたことを知られることもなく、死んだという点でも変化である。

場面	範囲	内容
[1]	はじめ～ひよこはまるまる太ってきたぜ。	太らせて食べようとして、きつねがひよこを家に連れていく。
[2]	ある日、ひよこが～あひるも、まるまる太ってきたぜ。	ひよこが、あひるをさそって、きつねの家に連れてくる。
[3]	ある日、ひよことあひるが～うさぎも、まるまる太ってきたぜ。	ひよことあひるが、うさぎをさそって、きつねの家に連れてくる。
[4]	ある日、くろくも山の～とうとうにげていったとさ。	きつねが、三匹を守るためにおおかみと戦い追い払う。
[5]	そのばん～わらってしんだ。	きつねの死。
[6]	まるまる太った、ひよこと～おわり	ひよことあひるとうさぎは、きつねのお墓を作った。

(3) 形象よみ

○むかし、むかし、あったとさ。／「とっぴんぱらりのぷう。」（冒頭・終わり）

昔話の語り出しの定型の言葉。昔の話だから、少しくらい奇妙なことが起こっても許される。語り手が目の前の聞き手に語って聞かせているような「〜とさ」が十一回用いられている。終わりの言葉は、秋田地方の昔話で用いられている結句で、半濁音が多用され、どこか明るい感じを持っている。

○はらぺこきつねがあるいていると、やせたひよこがやってきた。がぶりとやろうと思ったが、やせているので考えた。太らせてからたべようと。（倒置法）

七音と五音を基調とするリズムのよさが、読者を一気に物語の世界に引き込む。太らせて食べることがきつねのねらいであることが、倒置法で強調されている。

○「やあ、きつねお兄ちゃん。」

ひよこの応答には、きつねに対する疑いが全くない。自分が食べられるなどと思ってもいないどころか、きつねに好意を持ち、頼りにしている。幼くて何も知らない無垢なひよこである。

○でも、きつねは、生まれてはじめて「やさしい」なんて言われたので、すこしぼうっとなった。

これまで人から「やさしい」と言われたことがなかったから、きつねはうれしかったのである。そこに、ひとりぼっちで、さみしいきつねの姿を見ることができる。

○きつねは、ひよこに、それはやさしくたべさせた。そして、ひよこが「やさしいお兄ちゃん」と言うと、ぼうっとなった。（繰り返し）

太らせてから食べようと考えているのだから、食べさせるのは当たり前。しかし、そのことでひよこの評価は「やさしいお兄ちゃん」となる。そう言われると、きつねはうれしくなる。今回は「すこし」ではないから、前よりもずんとうれしいのである。自分の優しさがひよこに評価されることで、ひよこに優しいきつねとひよこを食べようとするきつねに、引き裂かれていく。

○ひよこは　まるまる　太って　きたぜ。（繰り返し）

きつねの内心を語っているともいえるし、きつねに早く食べるように呼びかけている声ともとれる。あひる、うさぎでも同じ言葉が繰り返される。この言葉があることで、きつねがひよこたちを食べようとする気持ちをなくしていないことがわかる。

○そこで、きつねは、ひよことあひるとうさぎを、そうとも、かみさまみたいにそだてた。そして、三人が「かみさまみたいなお兄ちゃん」の話をしていると、ぼうっとなった。（比喩・繰り返し）

きつねの目的は、太らせて食べることである。ところが、ここでは「かみさまみたいに」と比喩を用いている。神様は、みんなを守ってくれる存在である。加えて「そだてた」となることで、きつねが三羽の保護者になってきていることがわかる。三羽を守る気持ちが強くなり、食べようとする気持ちは弱くなる。

ひよこには「やさしい」、ひよことあひるには「親切」、三羽には「かみさまみたい」と言われる。きつねを褒める人数は増え、言葉の程度もアップすることで、きつねのうれしさは一層大きくなり、「ぼうっと」なる度合いも大きくなっていく。

○ある日、くろくも山のおおかみが下りてきたとさ。

ここまで同じようなことが繰り返されてきたが、おおかみの登場で大きく変わる。「くろくも山」は、何か不気味で不安な感じを与える。

○「いや、まだいるぞ。きつねがいるぞ。」／言うなり、きつねはとび出した。

初出には「言うなり～」の一文がない。この一文で、これがきつねの言葉であることが明確になる。直前におおかみの言葉があるため、ここもおおかみの言葉と誤解しやすい。音読の時も、はっきりきつねの言葉とわかるように気をつけたい。きつねは、三羽を守るために、進んでおおかみとの戦いに飛び出していったのである。挿絵からもわかるように、体格はおおかみの方が大きい（平均的に、狼の体重は狐の四倍以上ある）。

○おお、たたかったとも、たたかったとも。／じつに、じつに、いさましかったぜ。（繰り返し）

きつねが、おおかみに対して怯まず戦い、その勇敢だったことが強調される。繰り返しをなくした表現と比べてみると、効果がはっきりする。語り手の、きつねの戦いぶりを褒める感じが伝わってくる。

○その　ばん。／きつねは、はずかしそうにわらってしんだ。（クライマックス）

きつねが三羽の世話をしたのは、食べるためだった。その気持ちを恥ずかしく思ったのかもしれない。また、食べることができなかった残念さもちょっぴりあったかもしれない。三羽を守りきれたうれしさもあるだろう。きつねの気持ちは語られていないが、なぜ恥ずかしそうにしたのか、なぜ笑ったのかを考えさせたい。きつねのはじめのねらい（太らせてから食べること）は実現されずに終わり、三羽の身は守られ、きつねは三羽を守り抜いたものとして死ぬ。はらぺこきつねから勇敢なきつねへの変化といえる。

(4) あらすじ

三羽を太らせて食べようと思ったきつねが、三羽を守るためにおおかみと戦い死んだ話。

(5) 言葉による見方・考え方を鍛える発問アイデア

場面 **第7時全10時間** **発問のねらい** **「ぼうっとなった」の繰り返しを読む。**

教師1　「ぼうっとなった」は何回出てきていますか？（**子ども**「4回。」）
教師2　どうして、きつねは「ぼうっとな」るの？（**子ども**「うれしいから。」）
教師3　4回「ぼうっとなった」とありますが、4回ともうれしさは同じくらい？（**子ども**「違う。」「4回目が一番うれしい。」）
教師4　どうしてそんなことがわかるの？（**子ども**「言われ方が違っているから。」「三羽から神様みたいって言われているから。」）
教師5　きつねは、最初の「はらぺこきつね」の時と変わったのかな？（**子ども**「変わった。なぜなら、三羽を守ろうとする気持ちがだんだん強くなってきているから。」）

4 『わたしはおねえさん』石井　睦美作
（光村図書　2年）

(1) 作品の成り立ちと人物

○成り立ち

教科書のための書き下ろし。同じ作者の『すみれちゃん』『すみれちゃんは一年生』『すみれちゃんのあついなつ』『すみれちゃんのすてきなプレゼント』（偕成社）の四巻が出版されている。

○人物

すみれちゃん（中心人物）　かりんちゃん

(2) 場面分け

時や場、登場人物が変化するところに行空きがあり、そこで分ける。4場面と5場面の間には、「じっと。ずっと。」の後にクライマックスに向けての「間」があることと、ページの変わり目があることで、場面を分けている。5場面が、この作品の中で一番大きく変化している場面である。

場面	範囲	内容
1	はじめ～すみれちゃんはそう思いました。	すみれちゃんの紹介。
2	けさも、この歌を歌っています。～水やりをしました。	コスモスが気になるすみれちゃん。
3	さて、その間に、～何かをかきはじめたのです。	ノートに何かを書くかりんちゃん。
4	すみれちゃんが水やりから～じっと。ずっと。	ノートを見たすみれちゃん。
5	「あはは。」～おわり	笑い合う二人。

(3) 形象よみ

○「わたしはおねえさん　やさしいおねえさん（後略）」の歌（人物紹介）

「おねえさん」が五回繰り返されている。「すごいでしょ。」「二年生になってしあわせ」から、一年生の世話をすることに慣れてきたすみれちゃんがおねえさんという立場に誇りや自信を持っていることがわかる。

○十月の日曜日の、気もちよく晴れた朝でした。（時）

お天気がすみれちゃんの清々しい心情と重なっている。しかし、なぜ日曜日の朝なのか。普段は日曜日の夕方まで宿題を残してしまっているのであろうか。少なくとも、土曜日には宿題をしなかったということがわかる。

○すみれちゃんには、それがふしぎでした。（指示語）

「それ」とは、「同じことをおかあさんに言われると、あまりいい気もちはしません。けれど、自分から思ったときは、すごくいい気もちです。」という部分である。二年生の児童にとっては、共感できるところであろう。

○でも、しゅくだいをはじめようとしたら、外が気になってきました。

「あれ？」と思う展開である。やるべきことがあるのに、気になることの方を優先してしまう。誰もがこんな経験を持っているはずだ。「すみれちゃんはえらいおねえさんになれたのか。」と問うと、「宿題をやっていないから、まだなれていない。」「でも、すみれちゃんの気持ちもわかる。」などの意見が出てくるであろう。

○「コスモスさん　コスモスさんも歌ってる（後略）」の歌（擬人法）

すみれちゃんは、コスモスにも自分と同じように感情があると思っていて、それを歌にしている。すみれちゃんは、コスモスさんが、「お水がほしいって歌ってる」ので、水をあげにいっているのだ。

○さて、その間に、すみれちゃんのへやでは（中略）何かをかきはじめたのです。

視点の転換がある。語り手にとっては「ちょっとしたこと」であるが、すみれちゃんにとっては大事件である。妹にとっては、姉が机に向かう姿を真似ただけで、悪気はない。驚きと同時に続きが気になる展開である。

○すみれちゃんはおどろいて、「かりん、何してるの。」とききました。

「何」をしているのかという、かりんちゃんの行動を問う読み方なのか、相手の行動をとがめる読み方なのか、両方考えられる。子どもたちに音読させながら、どちらがよいか考えさせてみるとよい。

○「もう、かりんたら、もう。」と、すみれちゃんは言いました。（繰り返し）

何と言ったらいいのか困っている気持ちが「もう。」の繰り返しによって読みとれる。

○半分ぐらい、なきそうでした。もう半分は、おこりそうでした。

感情が半分ずつ表現されているところが、読者にわかりやすい。「なきそう」には、ノートが汚されたという悲しさが読みとれる。怒りよりも悲しさが先に出るところに、すみれちゃんの幼さが表れている。

○「何よ、これ。」と、すみれちゃんは言いました。（倒置法）

「これは何。」と比較する。「これは何。」は、中身をたずねる問いになる。逆にすることで、中身が何かよりも、「なぜこんなことをしたのか」という行動を叱るような表現になる。

○すみれちゃんは、もういちど、ノートを見ました。じっと。ずっと。（倒置法）

「じっと。ずっと。」の後置によって、考え込むすみれちゃんの様子や、考えている時間の長さが強調されている。この間に、「えらいおねえさん」ならどうすべきか、心の中で葛藤が行われていたのであろうか。音読する時は、調子よく読むのではなく、この「間」を考えさせながら読ませたい。

○「あはは。」すみれちゃんはわらいだしました。（クライマックス）

「泣きたいのか、怒りたいのか」わからない感情の葛藤を重ねた後、かりんちゃんの描いた絵が、自分の大事にしているコスモスであったことや、妹が自分の真似をしようとしていたことに気づいた。「泣くのかな、怒るのかな……」という読者の予想を超え、話の流れを大きく転換させた一言である。朝のうちに宿題をすることで、えらいお姉さんになろうとしていたすみれちゃんが、妹を許せたことで、図らずも「えらいおねえさん」になれたのである。

○それから、ふたりでたくさんわらってわらってわらって、わらいおわると、すみれちゃんは言いました。（繰り返し）

「わらってわらってわらって」の繰り返しから、笑っている時間の長さが読みとれる。すみれちゃんは、妹を許すことができた喜びで笑い、かりんちゃんはすみれちゃんが笑っているから笑っている。そんな二人の笑いの連鎖で、楽しい時間になっている。

○けしかけて、でもけすのをやめて、すみれちゃんは、つぎのページをひらきました。

ノートに落書きがあるままでは、先生に叱られるかもしれない。でも、それ以上に妹の絵を大切に思う、すみれちゃんの成長がある。「なぜ消すのをやめたのか。」と問いたい。「自分の真似をしたがる妹が、かわいいと思ったから。」「おねえさんとして成長した自分の記念だと思ったから。」など、自分と重ね合わせながら考えるであろう。「またがんばろう。」という、自信に満ちた未来が感じられる、爽やかな終わり方である。

(4) あらすじ

すみれちゃんが妹のいたずら書きを許し、おねえさんとして成長する話。

(5) 言葉による見方・考え方を鍛える発問アイデア

場面 **第3時全10時間** **発問のねらい** **②場面で、すみれちゃんは理想のお姉さんに近づけたの？**

教師1 「時」はいつですか。（子ども「日曜日。」「気持ちよく晴れた朝。」）

教師2 どうして日曜日なの。（子ども「土曜日に宿題をしなかったから。」）

教師3 すみれちゃんにとって「りっぱなこと」とは何？（子ども「朝のうちに宿題をすること。」）

教師4 すみれちゃんの行動に線を引きましょう。（子ども 教科書を広げました。じょうろで水をやりました。など）

教師5 すみれちゃんはえらいおねえさんになれましたか。その理由も言いましょう。（子ども「まだなれていない。宿題をせずにコスモスに水をやったから。」「でも、宿題をやろうとはしたので、近づいている。」など）

＊「えらいおねえさん」と、「まだまだ」の間に直線を引き、今はどの辺なのか、各自の考えを矢印で示す。

5 『かさこじぞう』 岩崎　京子作

（東京書籍・教育出版・学校図書・三省堂　2年）

(1) 作品の成り立ちと語句と人物

○成り立ち

初出は『かさこじぞう』（ポプラ社　一九六七年）。その後数年にわたり改訂された。

○語句

大みそか　一年の最後の日、この日が明ければお正月である。

○人物

じいさま（中心人物）　ばあさま　じぞうさま

＊人物に名前がないことに注意する。

(2) 場面分け

じいさまの家、町、村の外れの野っ原、再びじいさまの家、という場の変化にそって分ける。5場面は真夜中頃という時が変化するところで分ける。この5場面で、じいさまとばあさまがよいお正月を迎えることができたという最も大きな変化がある。

場面	範囲	内容
1	はじめ～出かけました。	お正月さんのためにかさを作るじいさまとばあさま。
2	町には～日もくれかけました。	笠が売れなかったじいさま。
3	じいさまは、～うちに帰りました。	じぞうさまにかさをかぶせるじいさま。
4	「ばあさまばあさま、～休みました。	もちこをつくまねをするじいさまとばあさま。
5	すると、真夜中ごろ、～おわり	じぞうさまのお礼でよい正月を迎えられたじいさまとばあさま。

(3) 形象よみ

○むかしむかしあるところに、じいさまとばあさまがありましたと。(冒頭)

冒頭で、物語の基本設定である、時(むかしむかし)・場(あるところ)・人物(じいさまとばあさま)が示される。じいさまとばあさまに名前をつけないことで、個性を際立たせないどこにでもいるような人物として設定している。この冒頭と終わりの一文だけが引用を示す「と」で終わっている。語り手は最初と最後に昔話であることを聞き手(読者)に告げている。語りの工夫である。

○たいそうびんぼうで、その日その日をやっとくらしておりました。

豊かではないが、何とか生きていくための暮らしは成り立っているという状況である。この設定は、この後、何とかお正月の準備をしようと思い、笠を作り売りに行くじいさまの行動へ、そして最後へとつながっていく。

○ある年の大みそか、じいさまはためいきをついて言いました。/「ああ、そのへんまでお正月さんがござらっしゃるというに、もちこのよういもできんのう。」(時・擬人法)

大みそかはお正月を迎える用意ができる最後の日である。その日に何の用意もできてないことにじいさまは、ため息をつく。お正月を人のように見ているじいさまは、自分たちのためではなく、お正月さんを迎えるためにもちこだけでも用意したいと思っている。

○じいさまは、とんぼりとんぼり町を出て、村の外れの野っ原まで来ました。(擬態語)

「とんぼりとんぼり」は、とぼとぼとしょんぼりが合わさった、元気がなく、力を落として歩く様を表す。

○（前略）道ばたにじぞうさまが六人立っていました。／おどうはなし、木のかげもなし、（後略）（擬人化）

ふつう、じぞうさまを数える時は六体という。「六人」ということはじいさまの目には、生きている人間が六人そこに立っているように見えたのである。その六人は、守るものが何もなく、粗末に扱われて野ざらしにされている。誰からも気に掛けられてないじぞうさまかもしれない。片側だけ雪にうもれているところから、吹雪が激しく横殴りに吹きつけていることがわかる。

○「そうじゃ。このかさこをかぶってくだされ。」

ばあさまと一緒に作った大切なかさは、今日売れなくても季節が変われば売れるかもしれない。それを差し出そうとするじいさまは、もはやじぞうさまを石とは思えず血の通った人間のように思っている。そんなじぞうさまを、自分ができる精一杯のことをして何とか助けてあげたいという気持ちである。

○じいさまは、自分のつぎはぎの手ぬぐいをとると、いちばんしまいのじぞうさまにかぶせました。

かさは自分では使わないものである。しかし、手ぬぐいは長年大事に使い、じいさまにとっては代わりのない一本だけのものである。それをあげてしまうと、この吹雪の中を自分が頭をさらして帰ることになる。自分のことには構わず、じぞうさまを守ろうとしているじいさまの温かい気持ちが読みとれる。

○「これでええ、これでええ。」／そこでやっと安心してうちに帰りました。

六人のじぞうさまを吹雪から守るまでは、じいさまは心配で心配でたまらなかったのである。だから、これで全員寒さがしのげると思ったところで「やっと安心」したのである。そうなるまで何とかしてあげたいと思っていたじいさまの気持ちが読みとれる。

○「**おお、それはええことをしなすった。**」

ばあさまはじいさまを責めるのでなく、ねぎらい、同じようにじぞうさまを思いやる。二人は同じことを思っている。二人の一体性は、この後じぞうさまが訪れた時、「ばさまの家はどこだ」と呼ぶことの伏線となる。

○「**やれやれ、とうとうもちこなしの年こしだ。（中略）まねごとでもしようかのう。**」

じいさまとばあさまは、お正月さんを迎える用意ができなくても、せめて迎える気持ちだけでも形にしようともちつきの真似事をする。その二人の姿は、明るく楽しそうである。

○**すると、真夜中ごろ、雪の中を、じょいやさじょいやさと、そりを引くかけ声がしてきました。**

重いものを動かす時のかけ声で、重量感のある独特のかけ声が遠くから近づいてくる。何かが始まる予感を覚えさせる。

○**じいさまとばあさまがおきていって、（中略）帰っていくところでした。（クライマックス）**

家に来たのは、じいさまが、かさことてぬぐいをかぶせてあげたじぞうさまだということがはっきりわかる。この物語は、じいさまの行為が報われ、よいお正月を迎えられることになったという報恩譚である。手ぬぐいをかぶったじぞうさまがユーモラスな印象を与える。

○じいさまとばあさまはよいお正月をむかえることができましたと。

じぞうさまを守ってあげたお礼で、二人はお正月の用意ができるようになった。瀬田貞二の『かさじぞう』（福音館書店）は、じぞうさまの贈り物の中に「こがね」も含まれており、結末は「それからふたりは、しあわせになったとさ。」と、貧乏だった二人が幸せになった話としている。授業の終わりに読み聞かせて、比べてみてもよいであろう。

(4) あらすじ

じぞうさまにかさをかぶせたじいさまが、そのお返しでよいお正月を迎えられた話。

(5) 言葉による見方・考え方を鍛える発問アイデア

場面 **第5時全10時間** **発問のねらい** **3場面でじいさまがしたことを考える。**

教師1　じいさまは、じぞうさまに何をしたの？（**子ども**　「雪を払い、かさとてぬぐいをかぶせた。」）

教師2　どうしてそんなことをしたの？（**子ども**　「じぞうさまがかわいそうだったから。」）

教師3　じいさまはじぞうさまをどう思ってる？　それがわかる言葉を探してみて。（**子ども**　「人のように『六人』って言ってる。」「人と同じように寒さを感じてる。」）

教師5　だからじいさまは、じぞうさまをほっとけなかったんだね。

第2節 小学校 中学年

1 『サーカスのライオン』 川村 たかし作

（東京書籍　3年）

(1) 作品の成り立ちと語句と人物

○成り立ち

初出は、絵本『サーカスのライオン』（ポプラ社　一九七二年）。

初出との異同は、形象よみで示す。

○語句

夜ふけ　夜の遅い時間帯。

○人物

ライオンのじんざ（中心人物）　ライオンつかいのおじさん

男の子

＊名前が示されるのはじんざだけ。

(2) 場面分け

時間の変わり目がはっきりするところを手がかりに、場面分け

場面	範囲	内容
1	はじめ～三回、四回とくりかえしていた。	じんざの紹介。
2	夜になった。～じんざが下から手をふった。	じんざが男の子と出会う。
3	次の日、ライオンの～くぐりぬけてやろう。」	男の子が、じんざに会いに来る。
4	その夜ふけ……。～くらやみの中に消え去った。	じんざが男の子を救い出し、炎に包まれる。
5	次の日は、サーカスのおしまいの～おわり	じんざのいないサーカス。

をする。4場面で大きく変わっている。

(3) 構造よみ

発端は、「夜になった。」からである。お客が帰った夜に、じんざが外へ出かけて行き、男の子と出会うのである。

一日中眠っていたじんざが、勇敢なライオンになって男の子を助けに行く姿へと大きく変化するのが、4場面である。その中で、クライマックスを考えると、次の二つが考えられる。

〈構造表〉

○冒頭　町外れの広場に、……

○発端　夜になった。……

○山場のはじまり　その夜ふけ……。……

◎クライマックス・結末　金色に光るライオンは、～消え去った。

○終わり　……みんなが知っていたので。

A　**ウォーッ**

B　金色に光るライオンは、空を走り、たちまちくらやみの中に消え去った。

Aは、炎の中で男の子を助け出すために、力の限りほえたところである。緊迫し、読者もハラハラするシーンである。じんざが、人間の言葉ではなく、ライオンの声を出している。「**ウォーッ**」の文字が太字で書かれている。しかし、ここは、じんざが男の子を助け出そうとしたところであり、本当に男の子が助かるのか、さらにはじんざがどうなるのかもわからない。

Ｂで読者は、じんざが炎に包まれてしまったことを知る。じんざの死であるが、語り手は死んだとは語らない。意欲をなくし老いぼれていくしかないじんざだったが、ここでは躍動感あふれる勇敢なライオンとして描かれている。金色に光り、空を走り、消えていく姿は、単なるじんざの死の姿ではなく、現実を超えて生きる意味を得たじんざの最も美しい姿といえる。それゆえ、クライマックスはＢである。

(4) 形象よみ

○町外れの広場に、サーカスがやってきた。

舞台の「町外れ」という言葉の響きは、人のいないさびしさを感じさせる。この先、何か悲しいことが起こるのではないかと予感させる。サーカスは、町から町へ数か月おきに移動を繰り返す。綱渡りや空中ブランコなどの曲芸を披露し、その中にライオンの芸もある。

○寒い風をはらんだテントが（中略）、サーカス小屋は、まるで海の上を走るほかけ船のようだった。（直喩）

「寒い風」から、季節は冬。サーカスのテントが風でふくらむ様子を表す。転々と移動していくサーカスと帆が風を受けて海を移動していく船とが、重なって見えてくる。

○ライオンのじんざは、年取っていた。（中略）、テントのかげのはこの中で、一日中ねむっていた。

「じんざ」という響きに、古さはあるが、濁点があることで、どこか強そうに感じさせる。しかし、年老いており、耳しか動かさない動きの緩慢な様子は、狩りをするライオンのイメージからは遠い。サーカスの花形芸であるライオンが、テントの隅に追いやられているところからも、じんざの芸は、かつてほど優れたものではなくなっているのであろう。そんなじんざが起きているのは、芸をする時だけであり、それ以外は、「一日中ねむってい」る。ライオンのイメージをどんどん裏切っていく。

○草原の中を、じんざは風のように走っていた。（直喩）

とても速く、軽快に、まっすぐに走る姿こそ、百獣の王にふさわしい。しかし、その姿は夢の中での話である。サーカスの花形ではなくなり、活躍もできなくなったじんざには、ライオンらしい姿はどこにもないように読める。じんざは、現実の世界をあきらめているように見える。

○おじさんがよそ見しているのに、じんざは三回、四回とくりかえしていた。

おじさんも、年老いたじんざの芸に期待をしていない。じんざにとっても、おじさんにとっても、長年やり続け、惰性で行っているようでもある。

○「ねてばかりいるから、いつのまにか、おまえの目も白くにごってしまったよ。」

「目も白くにごって」は、3場面の「目がぴかっと光った」の伏線である。年を取っているだけでなく、生きる力ややる気が感じられない。

○じんざは、ぐぐっとむねのあたりがあつくなった。

ライオンに会いに来た男の子の言葉に心を動かされる。じいんとくる、感動がこみ上げてくるのである。花形でもなく期待もされていない芸だとじんざは思っていたが、その芸を楽しみにしてくれているお客さんが目の前に現れたのである。

○男の子の（中略）。お母さんが入院しているので、つきそいのために、お姉さんも夕方から出かけていった。

男の子は、夜一人で留守番ができ、おこづかいをためてサーカスを見に来ることができる年齢である。小学校中学年ぐらいだろうか。語り手は「男の子」の名前を示さない。男の子は、じんざを応援するたくさんのお客さんの一人なのである。名前を出さないことは、じんざを相対的に目立たせることになる。

○「来てやっておくれ。きっとよろこぶだろうよ。」

じんざが、自分の気持ちを伝えるところはここだけである。しかし、サーカスのおじさんになっての言葉である。絵本では、「いいとも、うらからくればみつからないよ。」となっている。絵本より、じんざの喜びに焦点を当てている。

○それから男の子は、毎日やってきた。／じんざは、もうねむらないでまっていた。

これまで芸をする時以外は、一日中眠っていたじんざが、眠らないで待つようになる。じんざの変化である。毎日のように会いに来る男の子との時間を楽しみにしている。男の子が自分に期待をしているのだと思いうれしくなる。夢の中でしか生きていなかったじんざが、現実の世界に生きがいを見つけようとしている。しかし、じんざは、男の子に言葉を発することはない。

○男の子が帰っていくと、じんざの体に力がこもった。目がぴかっと光った。

自分の芸を楽しみにしてくれる男の子が、自分のおこづかいで見に来る。それまで、芸に気持ちが込もっていなかったじんざだったが、ライオンらしく勇敢な姿を見せようと、「体に力」を込める。「白くにごった目」が、「ぴかっと光る」ほどに、やる気を出している。じんざの変化である。

○その夜ふけ……。

「……」とあることで、夜ふけに何か不吉なことが起こるのではないかと予感させる。

○ライオンの体がぐうんと大きくなった。

もしかしたら男の子の家が火事になっているのかもしれないとじんざは思い、いてもたってもいられない気持ちになる。[3]場面の「じんざの体に力がこもった」とは違い、「体がぐうんと大きく」なった。しかも、「じんざの体」ではなく「ライオンの体」なのである。力強く、パワフルな、百獣の王への変化である。語り手が、少し離れてじんざを見て、より勇敢な姿として語っている。

○足のいたいのもわすれて、（中略）、じんざはひとかたまりの風になってすっとんでいく。（隠喩）

かつての夢の中のじんざの姿である。じんざのあり方が変化している。ライオンの姿を、「かたまり」でしかとらえられないほどのスピードで突っ走る。男の子のアパートへ一直線に突き進んでいくじんざは、まさに風である。

○ウォーッ

これまでじんざは、人間の言葉を話していた。しかし、ここはライオンの声である。じんざが力の限りほえる声が太字で表記されている。句点がないため、大きく、どこまでも響き、続いているように感じられる。

○金色に光るライオンは、空を走り、たちまちくらやみの中に消え去った。（クライマックス）

じんざの大きな変化である。おりの中でひっそりと過ごしていた老いぼれたライオンから、自由に駆け回るライオンになったのである。男の子との出会いが、じんざに生きる希望を持たせた。そして、雄々しいライオンの姿を取り戻した。炎に包まれたじんざを、語り手は「じんざは死んだ。」とは語らない。語り手は、これをライオンの死とはとらえておらず、夢の中でしか生きられなかったじんざが、ようやく現実から解き放たれ自由を取り戻したととらえているのだ。だからこそ、語り手は、最も美しく描くのである。

○ライオンのじんざがどうして帰ってこなかったかを、みんなが知っていたので。（省略法）

老いぼれていたじんざが、野生の勇敢さを取り戻し、男の子を助け出し、最も美しい姿となって空へかけ上ったことを、ライオンつかいのおじさんも、お客も、そして読者も知っている。じんざが若い時にしかできなかった火の輪を五つにした芸にお客が拍手を送るシーンは、読者をもお客と同じ気持ちにさせ、じんざがどこかで生き続けていてほしいという気持ちにさせる。文末を省略することで、続きは何かと考えさせる。余韻を持った終わり方にしている。

(5) あらすじと主題

○あらすじ　じんざが、男の子を助けることで、ライオンらしい姿を取り戻して死んでいく話。

○主題　老いたライオンが、男の子との出会いを通して、生きることの意味を見つける。

(6) 言葉による見方・考え方を鍛える発問アイデア

場面 **第9時全11時間** **発問のねらい** **1場面と4場面を比べ、じんざの変化を考える。**

教師1　火事で助けに行くじんざの姿がわかる文は。（**子ども**　「ぐうんと大きく。」「ひとかたまりの風。」）

教師2　ところが炎は。（**子ども**　「ごうごう。」「ぬうっと。」「簡単に助けられないよ。」）

教師3　ウォーッを、人間の言葉に直すと。（**子ども**　「俺のことより。」「助けてあげて。」「もう野生のライオンだ。」）

教師4　1場面のじんざの姿と比べると。（**子ども**　「かっこいい。」「ライオンらしい。」「1場面の姿はどこにもない。」）

教師5　最後は、じんざはどうなっているの。（**子ども**　「ぴかぴかにかがやいている。」「金色に光っているよ。」「1場面のじんざじゃないみたい。」「ここが一番かっこいいね。」

2 『モチモチの木』 斎藤 隆介作

（光村図書・東京書籍・教育出版・学校図書 3年）

(1) 作品の成り立ちと語句と人物

○成り立ち

初出は、『日本教育新聞』（一九六三年正月号）。その後、絵本『モチモチの木』（岩崎書店 一九七一年）となる。初出と絵本では、豆太の言葉がカタカナで表記されている。

○語句

とうげ 山の上りから下りにかかる境のところ。
よいの口 日が暮れて間もない頃。

○人物

豆太（中心人物） じさま 医者様
＊名前が示されるのは豆太だけ。

(2) 場面分け

小見出しで五つの場面に分かれており、それに従う。ただし、教育出版は小見出しではなく、番号で示している。[4]場面が、一

場面	範囲（＊教育出版）	内容
[1]	おくびょう豆太 ＊1	豆太の紹介。
[2]	やい、木ぃ ＊2	モチモチの木の説明。
[3]	霜月二十日のばん ＊3	豆太がモチモチの木に灯がともることをじさまから聞く。
[4]	豆太は見た ＊4	豆太がモチモチの木に灯がついているのを見る。
[5]	弱虫でも、やさしけりゃ ＊5	じさまが、豆太にやさしさが大事であることを語る。

番大きく変化したところ。

(3) 構造よみ

発端は、モチモチの木に灯がともることを、じさまから聞く、「霜月二十日のばん」である。ここから具体的な、特定の日の話になる。

4場面の中で、クライマックスを考えると、次の二つが考えられる。

A　豆太は、小犬みたいに体を丸めて、表戸を体でふっとばして走りだした。

B　「モチモチの木に、灯がついている。」

〈構造表〉

○冒頭　「おくびょう豆太」……

○発端　「霜月二十日のばん」そのモチモチの木に、……

○山場のはじまり　「豆太は見た」豆太は、真夜中に、……

◎クライマックス　「モチモチの木に、灯がついている。」

○結末　……いそがしかったからな。

○終わり　……じさまを起こしたとさ。

Aの理由は、夜のモチモチの木を怖がっていた豆太が、たった一人で夜道を駆け出していくことである。豆太にとっては、大きな変化であり、緊張感のあるシーンである。しかし、ここからは、無事に医者様を呼びに行けたのか、じさまの病気が治ったのかという、その後がわからない。また、モチモチの木も出てこない。

Bは、豆太にとって怖いものであった夜のモチモチの木が、とても美しいものに変化しているところである。さらに、じさまが死んじまうかもしれない「こわさ」を乗り越え、無事に医者様を連れて帰ることができたところでもある。「モチモチの木に、灯がついている。」という豆太の言葉で、それまで豆太の行動を見てきた読者は、豆太を勇気のある子と改めて見直すことにもなる。

(4) 形象よみ

○全く、豆太ほどおくびょうなやつはいない。（冒頭）

豆太の「豆」から、とても小さくかわいらしい子どもという印象を持たせる。「太」は太い、豊かという意味であり、元気に強く育ってほしいという親の愛情を感じさせる。小さくかわいらしい男の子が、何か大きなことをするのではないかと、読者に思わせる名前である。

豆太がおくびょうだと語るのは、じさまではなく語り手である。語り手は、強い言葉で豆太を突き放して見ている。「もう五つにもなったんだから」という、語り手の主観的な語りに対して、そこに何か意味があるのではないかと、読者は反発しつつ、物語の世界に入っていく。

○ところが、（中略）表には大きなモチモチの木がつっ立っていて、空いっぱいのかみの毛をバサバサとふるって、両手を「わあっ。」とあげるからって、（中略）、一人じゃしょうべんもできないのだ。（擬人法）

夜中のモチモチの木は、豆太にとって恐ろしい生き物に見える。しかし、語り手は豆太の気持ちに寄り添うことなく、「一人じゃしょうべんもできない。」と、突き放している。

○（前略）、豆太が「じさまぁ。」って、どんなに小さな声で言っても、「しょんべんか。」と、（後略）。

夜中に一人で小便ができない豆太が、じさまを起こす時の呼び声である。小さな声なのは、豆太が夜中にじさまを起こさざるを得ない、子どもなりの気づかいだろうか。それでも目を覚ましてくれるじさまは、豆太のことを常に気にかけており、とてもかわいがっていることがわかる。

○けれど豆太のおとうだって、くまと組うちして、頭をぶっさかれて（中略）、見事にやってのける。

豆太の父は、熊と組うちして死亡した。じさまもおとうも勇気のある猟師であり、その家系である豆太もそのような勇気ある子に育つ予感がする。母もいない豆太と二人で暮らすじさまも、豆太が一人前になるまでがんばらなくてはとの思いもあるだろう。それだけに、豆太と祖父との結びつきは、とても強い。

○「――それじゃあ、おらは、とってもだめだ――。」

豆太は、自分でも勇気があるとは思っていない。さらに、勇気のある子になろうとも思っていない。だから、最初からあきらめて、よいの口から寝てしまう。怖さを乗り越えようと努力する子ではないところが、どこにでもいる子どもを連想させ、読者はよりいっそう豆太に親近感を持つ。

○「じさまぁっ。」／むちゅうでじさまにしがみつこうとしたが、じさまはいない。

じさまへの呼びかけは、文中に四回あり、どれも大事なシーンで繰り返されている。小さな声で小便に起こす時の「じさまぁ。」とは違う。豆太の頭の上でくまの唸り声が聞こえる。おとうの頭をぶっさいた生き物の声を近くで聞き、思わずそばで寝ているであろうじさまを呼び、しがみついて助けを求めようとする。豆太は、とても驚き、怖がっている。しかし、そばにじさまの姿がないことに気がつく。

○豆太は小犬みたいに体を丸めて、表戸を体でふっとばして走り出した。（直喩）

豆太は、じさまを助けなければと決断をする。しかし、表戸をふつうに開けるほどの余裕がない。表には怖いモチモチの木があり、それは見たくない。けれど、早く医者様を呼びに行かなければならない。その葛藤から、体の小さい豆太がより体を丸め、モチモチの木を見ないように、表へ飛び出していく。

○霜が足にかみついた。（擬人法）

じさまを助けるために、真夜中の山道をはだしで走る豆太。夜の怖さ、くまがいるかもしれない恐怖、木の根や石ころの痛さだけではない。霜の冷たさや痛さが足にささる。まさに豆太に襲いかかるのである。擬人法を用いることで、豆太に困難が次々と襲いかかってくる臨場感が出ている。

○でも、大すきなじさまの死んじまうほうが、もっとこわかったから、なきなきふもとの医者様へ走った。

豆太を突き動かしているのは、じさまの死に対する恐怖である。夜中のモチモチの木の怖さとは質が違う。モチモチの木の怖さは、いずれ克服することができる怖さである。しかし、大切な人を失う怖さは、克服できないものである。自ら決断し医者様を一人で呼びに行くという行動を起こしたことに、読者は、豆太の勇気を見る。

○豆太は小屋へ入るとき、もう一つふしぎなものを見た。

ふしぎなものの一つは、月が出ているのに、雪が降っていることである。もう一つの不思議なものは何だろうかと続きを読みたくなる書かれ方である。

○「モチモチの木に、灯がついている。」（クライマックス）

じさまから「モチモチの木に灯がともる」ことを聞き、豆太は見たいと思っていた。しかし、あきらめていた。それを見ることができた。これまで、怖くて見ることができなかった夜のモチモチの木は、とても明るく、美しいものに変化している。じさまのために行動を起こした豆太を、勇気のある子どもと山の神様が認めたこともわかる。じさまもおとうも見た山の神様の祭りを、豆太も見たのであり、豆太も、じさまやおとうと同じように勇気のある子どもになるのかもしれない。豆太の行動を見てきた読者もまた、豆太は勇気のある行動をとったと共感する。さらに、ここまでじさまの病気や夜の山道の暗い形象が続いてきたが、ここで一気に明るい形象へと転換する。そのことで、じさまの病気もよくなっていくだろうとほっとさせる。光村図書、東京書籍、教育出版は、モチモチの木に灯がついている挿絵が大きく掲載されており、事件が明るく転換したことが、挿絵からもはっきりとわかる。

○「人間、やさしささえあれば、やらなきゃならねえことは、きっとやるもんだ。」

人間には、やさしさが大事なのだと、じさまは言う。勇気の元にあるのは、やさしさだと言うのである。怖いものを怖がらないことが勇気なのではないと、勇気の意味を語り直す。豆太のとった行動は、まさに勇気ある行動なのだと、その行動を意味づけている。

○――それでも豆太は、じさまが元気になると、そのばんから、／「じさまぁ。」／と、しょんべんにじさまを起こしたとさ。

じさまを小便に起こすことは、最初と変わっていない。しかし、おくびょうですぐにあきらめてしまう豆太が、じさまを助けるために、怖い夜道を駆けて行ったことを知っている読者は、豆太に対する見方を大きく変化させている。それは、じさまを大切に思う優しい豆太という見方への変化である。つまり、この物語は、読者の豆太に対する見方が大きく変わる物語といえる。この三行がなかったら、豆太は勇気のある子として、立派な猟師になるという期待感を持って読み終えることになる。しかし、語り手は、そうはしていない。豆太の「おくびょう」がそう簡単に変わるものではない、人間の有り様がそう簡単に変わるわけではないということを、この三行は示している。この三行がある時とない時とを比べて、その違いを子どもたちと考え合ってみることで、物語の魅力を学ぶことができる。高学年の吟味よみへの足がかりにもなる。

(5) あらすじと主題

○あらすじ　おくびょうな豆太がじさまのために夜道を医者様を呼びに行き、モチモチの木の灯を見る話。

○主題　やさしさこそが、人間の最も大事なものである。

場面 第5時間全11時

発問のねらい 夜道を走る豆太について書かれ方に注目し、豆太の気持ちを考える。

教師1 豆太はどんなふうに夜道を走ってるの。（**子ども** 「ねまきのまんま。」「はだしで。」「なきなき。」「怖い。」）

教師2 豆太にとっての冬の真夜中は。（**子ども** 「真っ暗。」「ねまきだけだから寒いよ。」「モチモチの木が両手をわぁっ。」「くまがでる。」）

教師3 豆太はどんな気持ちで走ってるの。（**子ども** 「早くじさまを助けなきゃ。」「こわい。」「早く行かないとじさまが死んじゃう。」）

教師4 霜が足にかみつくってどういうこと。（**子ども** 「ぎ人法だ。」「がぶって感じ。」「痛そう。」「はだしだからザクザクとささる。」）

教師5 擬人法にすることでどんな効果があるんだろう。（**子ども** 「霜もおそいかかってくる。」「霜まで豆太を攻撃してくる感じで、豆太は必死だよ。」）

3『白いぼうし』あまん　きみこ作

（光村図書・教育出版・学校図書・三省堂　4年）

(1) 作品の成り立ちと語句と人物

○成り立ち

『車の色は空のいろ　白いぼうし』（ポプラ社　一九六八年）に所収。初出は、雑誌『びわの実学校・第二十四号』（一九六七年）。初出と比較すると、松井さんの言動の表現が柔らかくなっている。

○語句

かたをすぼめる　肩を縮めて小さくなる様子。

○人物

松井さん（中心人物）　お客のしんし　男の子　お母さん　女の子　ちょう

(2) 場面分け

時や場、人物が変化するところに行空きがあるので、そこで分ける。しかし、4場面と5場面の間にクライマックスに向けて、場（団地の前の野原）も、人物（白いちょう）も変化するので、場面を分ける。物語が一番大きく変化する場面は5場面である。

場面	範囲	内容
1	はじめ～しんしはおりていきました。	松井さんと紳士との会話。
2	アクセルをふもうとしたとき～石でつばをおさえました。	松井さんと白い帽子との出会い。
3	車にもどると、～後ろに流れていきます。	松井さんと女の子との出会い。
4	「お母さんが、虫とりあみを…～まどの外を見ました。	消えた女の子。
5	そこは、小さな団地の～おわり	仲間のもとに戻ったちょう。

(3) 構造よみ

白いぼうしの中にいたちょうを松井さんが逃がしてしまったことで、この物語の事件が始まる。即ち発端は松井さんとちょうとの出会いである、白いぼうしを発見するところである。

ちょうを逃がした後に突然現れた女の子の怪しげな言動が伏線となり、読者はこの女の子はもしかしたら、あのちょうなのではないか、と思い始める。その後、女の子が突然消え、場が野原に変わる。ちょうたちの「よかったね。」…というささやきで、ちょうが仲間のもとに帰って来られたのだと、伏線がつながり、一連の事件が解決するという観点から、ここがクライマックスとなる。

〈構造表〉

○冒頭　「これは、レモンのにおいですか。」……

○発端　アクセルをふもうとしたとき、……

○山場のはじまり　車にもどると、……

◎クライマックス　「よかったね。」～「よかったよ。」

○結末・終わり　……夏みかんのにおいがのこっています。

(4) 形象よみ

○「これは、レモンのにおいですか。」

夏みかんと比べ、より一般的な「レモンのにおい」を示すことで、もぎたての強い柑橘類の香りが伝わりやすい。においから物語が始まる、印象的な書き出しである。

○夏がいきなり始まったような暑い日です。（直喩）

六月のはじめにもかかわらず、「夏」を感じるくらい（夏日は二十五度以上）暑くなった日なのであろう。

○「もぎたてなのです。きのう、いなかのおふくろが（中略）においまでわたしにとどけたかったのでしょう。」

「もぎたて」のにおいを離れた息子に一刻も早く届けたいと思って「速達」で送ってきた母の愛情がわかる。そんな母の思いを初対面のお客に語るほど、松井さんは喜んでいる。その話を「ほう、ほう。」と好意的に受け止めるお客の紳士の温かい雰囲気も伝わってくる。

○「あまりうれしかったので、いちばん大きいのを、この車にのせてきたのですよ。」

田舎の母親が、自分のことを大事に思ってくれていることがうれしいと思う松井さんの素直さや、お互いを思いやる親子のよい関係性が読みとれる。また、車に乗せたのは、仕事中もずっと傍に置いておきたかった、お客さんにもこのさわやかな香りを伝えたかったなどの理由が考えられる。

○「おや、（中略）小さなぼうしが落ちているぞ。風がもうひとふきすれば、車がひいてしまうわい。」

車に「ひかれる」ではなく、「ひいてしまう」という運転手の視点から、落ちている小さなぼうしを心配する松井さんの優しい人柄が読みとれる。

○緑がゆれているやなぎの下に、かわいい白いぼうしが、ちょこんとおいてあります。（色彩）

「緑」「白」という色のコントラストが美しく、作品を彩る効果がある。「やなぎ」は怪談話でもよく用いられ、非現実さを増している。白いぼうしが「落ちている」のではなく、「おいてある」という表現に、持ち主が意図を持ってそこに置いているのでは、という松井さんの見方が読みとれる。

○そして、ぼうしをつまみ上げたとたん、ふわっと何かが飛び出しました。「あれっ。」もんしろちょうです。

「ふわっともんしろちょうが飛び出しました。」と比較する。「何かが」から、飛び出した瞬間は、それが何か把握できないくらい一瞬の出来事であったことが読みとれる。「もんしろちょうです。」の一文で、ちょうがクローズアップされ、存在感が増す。

○「たけやまようちえん　たけの　たけお」（繰り返し）

「たけ」がリズムよく繰り返されており、読者を楽しい気分にさせる。名前を縫い取ったのは母親であろうか。わざわざ目立つ色で縫われているところに、愛情を感じる。白と赤の色彩のコントラストが、作品を彩っている。

○「せっかくのえものがいなくなっていたら、この子は、どんなにがっかりするだろう。」

きっと、つかまえたちょうを誰かに見せたかったのだろうと、松井さんは男の子の立場に立って考えている。会ったこともない幼稚園児に寄り添い、気持ちを考えるところに、松井さんの優しい人柄が読みとれる。

○まるで、あたたかい日の光をそのままそめつけたような、見事な色でした。（直喩）

比喩（直喩）を使うことで、夏みかんそのものの色に着目するのではなく、色を通して作品全体の温かいイメージを表している。「あたたかい日の光」は松井さんの母親の愛情や、それを受け止めたり、男の子を気遣ったりする松井さんの温かい心を表している。松井さんの母親から松井さんへ、そして男の子へ、夏みかんを通して優しさのバトンがつながっていく。

○車にもどると、おかっぱのかわいい女の子が、ちょこんと後ろのシートにすわっています。

意外な展開である。「おかっぱ」「かわいい」「ちょこんと」から、女の子の幼さや体の小ささが読みとれる。

○「道にまよったの。行っても行っても、四角い建物ばかりだもん。」つかれたような声でした。

運転手に聞かれる前に、車に乗った理由を言っている。また、「行っても」の繰り返しや、「つかれたような声」からは、長い間町の中を迷っていた様子が伝わってくる。ビルのことを「四角い建物」と表現したことに、この子はひょっとして、松井さんが助けたちょうの化身ではないかと読み手は感じ始める。クライマックスへの伏線である。

○「あのぼうしの下さあ。お母ちゃん、本当だよ。本当のちょうちょが、いたんだもん。」

「新しい虫取りあみ」「本当のちょうちょ」から、虫に興味を持ってからまだ間もない頃であることがわかる。エプロン姿の母親は、家事の途中だろうか。うれしそうな息子に、忙しい中でも付き合う愛情が感じられる。

○客席の女の子が、（中略）せかせかと言いました。「早く、おじちゃん。早く行ってちょうだい。」（繰り返し）

「早く」を繰り返すことで、焦っている様子が伝わる。「おじちゃん」という呼び方に、女の子の幼さが表れている。男の子がやってきたのを見て、女の子は急に焦りだした。クライマックスへの伏線である。「せかせかと」は落ち着きのない様子を表しているが、「急かす」（急がせる）を辞書で引いてみると、より状況がわかりやすい。読者の女の子への不審感が増すところでもある

○「おどろいただろうな。まほうのみかんと思うかな。なにしろ、ちょうが化けたんだから――。」（省略法）

松井さんにとって、「化けた」とは、ちょうが夏みかんに化けたことである。しかし読者にとっては、これまでの女の子への不審感から、ちょうが女の子に「化けた」ということも連想される。子どもたちにちょうが何に化けたのかを問うと、二通りの意見が出る可能性がある。登場人物と読者の考えが二重に読める作品のしかけを楽しみたい。省略の先には、松井さんが男の子の驚く顔を想像している時間の長さが読みとれる。

○「おや。」松井さんはあわてました。バックミラーには、だれもうつっていません。（中略）、だれもいません。

男の子のことを考えるあまりに、乗客の様子を気にしていなかったのか。気づかれないくらいに、そっといなくなったのか。どちらにしろ、松井さんも読者も、楽しい想像の世界から急に現実に引き戻される。

○クローバーが青々と広がり、わた毛と黄色の花の交ざったたんぽぽが、（中略）さいています。（色彩）

場が変化する。「四角い建物ばかり」と対照的な風景である。青々と広がるクローバー、わた毛の「白」と「黄色」の花の交ざったたんぽぽなど、物語の基調である明るく、色彩豊かな風景が広がる。

○その上を、おどるように飛んでいるちょうを、（中略）松井さんには、こんな声が聞こえてきました。（直喩）

「おどるように」には、迷子になっていた仲間が帰ってきた喜びを表しているのだろうか。「松井さんに」聞こえたのでは、他の人にも聞こえたかもしれないが、「松井さんには」聞こえたと限定することで、優しくて繊細な心を持つ松井さんだからこそ聞こえたのだろうという松井さんの性格を解釈しての読みができる。また、松井さんの錯覚、もしくは空想なのではないかという読みも可能である。

○「よかったね。」／「よかったよ。」／「よかったね。」／「よかったよ。」（クライマックス）

会話文を上下にすることで、ちょうたちが仲間との再会を喜びながら飛ぶ様子を表現している。松井さんのおかげで、迷子のちょうが無事に戻り、事件が解決するという点で、ここがクライマックスである。読者に「女の子は迷子のちょうではないか」と思わせていた一連の伏線がここでつながり、「やはり女の子はちょうであった」と納得する。しかし作品の中には、女の子がちょうであった明確な証拠は書かれていない（光村図書・指導書の中で、作者は女の子がちょうであることを明示している）。読者の想像の幅を広げ、女の子は本当にちょうだったのか、もう一度考えてみようと思わせるところが、作品の魅力となっている。

○それは、シャボン玉のはじけるような、小さな小さな声でした。（直喩・繰り返し）

人間に聞こえるか、聞こえないかくらいの声を、「シャボン玉のはじけるような」という比喩や、「小さな」の繰り返しで強調している。また、「シャボン玉」は、初夏のさわやかさを感じさせる。

○車の中には、まだかすかに、夏みかんのにおいがのこっています。

車の中の夏みかんで始まり、再び夏みかんで終わる。においが残るだけでなく、この作品全体を包む「温かさ」の余韻を残す、効果的な一文である。夏みかんは途中から松井さんの優しさと一緒に男の子に渡ってしまったが、物語の中を一貫して流れる松井さんやその周りの人々の優しさや温かさは車の中に残っている。

(5) あらすじと主題

○あらすじ　迷子になり、つかまったちょうが、松井さんのおかげで無事に野原に帰ることができた話。

○主題　優しさのつながり

(6) 言葉による見方・考え方を鍛える発問アイデア

場面　**第9時全9時間**　**発問のねらい**　**なぜ題名は「白いぼうし」なのか。**

教師1　最初と最後に出てきたものは何。（**子ども**　「夏みかん。」）
教師2　題名は「夏みかん」でもよいのでは。（**子ども**　「賛成。夏みかんは松井さんやお母さんの優しさを表す大事なものだったから。」「反対。白いぼうしを見つけたことで、事件が始まったから。」）
教師3　「白いぼうし」はどんなぼうしだったのか。（**子ども**　「男の子にとっては、ちょうを捕まえたもの。ちょうにとっては、捕まった怖いもの。松井さんにとっては、ちょうと出会ったもの。」）
教師4　もし「白いぼうし」がなかったらどうか。（**子ども**　「松井さんとちょうは出会わなかった。お話が成り立たない。夏みかんよりも、なくてはならないもの。」）
教師5　このお話での「白いぼうし」の役割は。（**子ども**　「松井さんと男の子とちょうをつないでいくもの。『白いぼうし』があったからこそ、みんながつながった。題名にふさわしい。」）

4『一つの花』今西　祐行作

（光村図書・東京書籍・教育出版・学校図書・三省堂　4年）

(1) 作品の成り立ちと語句と人物

○成り立ち

初出は、一九五三年九月十三日付『埼玉新聞』などに載った『コスモスの庭』。その後、改訂され、『小二教育技術』（小学館同年十一月号）に『一つの花』として掲載される。さらに改訂を経て現在に至る。

○語句

配給　統制経済の下で切符に指定されている品物を、切符と交換する形で購入する制度。

○人物

ゆみ子　お母さん　お父さん

＊ゆみ子にだけ名前がある。

(2) 場面分け

行空きで大きく三つに分かれる。二つ目が長いので父親の出征

場面	範囲	内容
1	はじめ～おぼえてしまったのです。	母の「一つだけ」という口ぐせを覚えたゆみ子。
2	「なんてかわいそう～高い高いするのでした。	ゆみ子の将来を心配する両親。
3	それからまもなく、～行く人ではないかのように。	出征する父を見送りに行く母とゆみ子。
4	ところが、～見つめながら――。	一輪のコスモスの花をゆみ子に手渡し、出征する父。
5	それから、十年の～おわり	十年後、母と二人で暮らすゆみ子。

の日からを3場面、プラットホームに汽車が入ってくるところからを4場面とする。4場面が最も大きな変化である。

(3) 構造よみ

お父さんが出征し家族と別れることになるところが発端である。お父さんが戦争に行くという事件がここから始まる。

クライマックスは、お父さんがゆみ子に一つの花を手渡すところである。これまではお母さんが与えていた「一つだけ」の物を、ここで、初めてお父さんが手渡している。加えてお父さんはこの「一つだけ」という言葉を今までとは違う意味で使っている。物をもらうための消極的な言葉

〈構造表〉

○冒頭　「一つだけちょうだい。」……

○発端　それからまもなく、……

○山場のはじまり　ところが、いよいよ汽車が……

◎クライマックス　「ゆみ。さあ、一つだけあげよう。一つだけのお花、大事にするんだよう――。」

○結末　……一つの花を見つめながら――。

○終わり　……お昼を作る日です。

であったのが、唯一の大切な物を表す言葉に変化している。

(4) 形象よみ

○「**一つだけちょうだい。」これが、ゆみ子のはっきりおぼえた最初の言葉でした。**（冒頭）

はっきり覚えた最初の言葉としては違和感のある言葉である。読者はどういうことなのかと疑問に思い、物語の世界に一気に引き込まれる。

○（**前略）おまんじゅうだの、キャラメルだの、チョコレートだの、（中略）おやつどころではありませんでした。**

おまんじゅうやキャラメルが、当時の子どもたちにとって貴重なおやつであったことが、いつでも食べられる今の子どもたちには伝わりにくい。おやつは通常の食事以外に口にする、ゆとりや豊かさを示す食べ物である。それがどこへ行ってもないのだから、みんなが質素な生活を共有している。

○**食べる物といえば、お米のかわりに配給される、おいもや豆やかぼちゃしかありませんでした。**

お米を入手するのが難しくなっている。主食のお米が、毎日食べられるものではなくなっている。代わりに芋や豆などを食べるような生活である。

○**毎日、てきの飛行機が飛んできて、ばくだんを落としていきました。**

空襲が日本の本土に及んでいる。いつ被害に遭うかわからない切迫した状況の中で三人は生きている。日本の本土への空襲は、昭和一九年の秋以降のことである。

○**（前略）「じゃあね、一つだけよ。」と言って、自分の分から一つ、ゆみ子に分けてくれるのでした。**十分な食料がない時代の中で、お母さんは最大限の愛情をゆみ子に注いで育てている。

○**「この子は、一生、（中略）一つだけのいも、（中略）一つだけの、（中略）一つだけのよろこびさ（後略）。」（繰り返し）**

「一つだけ」という言葉を繰り返すお父さんは、この言葉を否定的にとらえている。だから「一つだけ」と求めてくるゆみ子をかわいそうに思っている。全部欲しがる子どもらしいわがままも本当は言わせたい。そのわがままに応えて全部与えてあげたいという父の思いがある。

○**「いや、喜びなんて、一つだってもらえないかもしれないんだね。（中略）どんな子に育つだろう。」**

ゆみ子にはこれから先、人生の喜びは一つもやってこないのではないかと心配している。このまま育つと、暗い性格になってしまわないかと不安に思っている。この心配や不安は、本当は多くの喜びがやってきてほしい、明るい性格の子に成長してほしいという、お父さんの願いの裏返しである。

○**そんなとき、お父さんは、きまってゆみ子をめちゃくちゃに高い高いするのでした。**

「そんなとき」「きまって」とは、ゆみ子の将来を思う時はいつもという意味。「めちゃくちゃに」は、何度も何度もと比べると、お父さんの不安がより強く表れている。自分がいつまでゆみ子のそばにいられるかわからない。戦争がいつになれば終わるのかもわからない。こうした不安が読みとれる。

○（前略）あまりじょうぶでないゆみ子のお父さんも、戦争に行かなければならない日がやって来ました。

戦局が悪化しているのがわかる。また、「戦争に行かなければならない」という言い方は、後の「戦争に行く日」と比べて、拒絶することができない感じが強く出されている。状況に抗えない切迫感が伝わる。

○お父さんが戦争に行く日、ゆみ子は、お母さんにおぶわれて、遠い汽車の駅まで送っていきました。

自宅近くの最寄り駅までは見送りに来た人もいたであろう。遠くの駅まで送って行ったことから、少しでも長い時間家族三人で一緒にいたかったという思いが読みとれる。そこに家族の絆が感じられる。

○駅には、他にも戦争に行く人があって、人ごみの中から、ときどきばんざいの声がおこりました。

○（前略）他に見送りのないお父さんは、（中略）歌を歌っていたりしていました。（対比）

人ごみの中のばんざいの声や軍歌から、にぎやかな出征の様子が伝わる。ゆみ子を抱いて周りに合わせながらあやしているお父さんの姿はそれとは対照的である。大勢の、にぎやかな出征の見送りと、三人だけの慎ましい様子が対比的に描かれている。

○まるで、戦争になんか行く人ではないかのように。（倒置法・直喩）

「戦争に行く人」と比べ「なんか」があることで、戦争をやや否定的にとらえている語り手が垣間見える。三人の様子が、悲壮感なく温かくのんびりしていて、とても父親の出征を控えた家族には見えなかったということである。

○ところが、いよいよ汽車が入ってくるというときになって、また（中略）始まったのです。

「ところが」があることで、前述のおだやかな状況が逆転する。それまでが穏やかな時間であればあるほど、この後、よくないことが起こる可能性が高まる。

○「（前略）ゆみちゃん、いいわねえ。お父ちゃん、兵隊ちゃんになるんだって。ばんざあいって――。」

ゆみ子やお父さんを「ちゃん」づけで呼び、お母さんは何とかあやそうとする。兵隊になることは当時としては誇らしいこととされていたので、お母さんは表面的には喜んでいるようにみせて、ゆみ子の関心をおにぎりからお父さんに向けようとしている。最後のお別れになるかもしれない出発の時まで、何とかゆみ子の機嫌を保たせようとしている。

○お父さんは、プラットホームのはしっぽの、ごみすて場のようなところに、わすれられたようにさいていたコスモスの花を見つけたのです。（直喩）

二つの直喩で、ホームの端の、誰も見向きもしないようなところにコスモスが咲いていたことが表現される。忘れられたように咲いているコスモスの花は、見送りのないゆみ子たち家族と重なってくる。

○「ゆみ。さあ、一つだけあげよう。一つだけのお花、大事にするんだよう――。」（クライマックス）

「ゆみ」と名前を呼ぶのは何か大事な話を始めるような真剣さがある。「ちゃん」づけにし、あやそうとしていたお母さんとは、明らかにゆみ子への向き合い方が異なっている。「一つだけあげよう」は、ゆみ子の「一つだけ」に合わせた言い方である。そして「一つだけのお花」は、たくさんの中の一つでなく、たった一つしかない大切なものという意味に変わっている。ここで「一つだけ」の意味が大きく変化している。「大事にするんだよう――。」は、「するんだよ」と比べると、この「――」があることによって、お父さんの思いがまだまだあることを表す。この後に何を言いたかったのか、考えてみてもよいだろう。

○ゆみ子のにぎっている、一つの花を見つめながら――。

「一つの花」という題名がここで初めて登場する。初出の『コスモスの庭』にはない。ふつうならゆみ子やお母さんを見つめるはずである。一つの花を見つめているのは、幸せに成長してほしいというゆみ子に込めた思いを繰り返し確認しているということ。自分の思いや家族を花の中に見ているのである。「――」には、ずっと、見えなくなるまで見つめ続けているお父さんの姿が表現されている。一つの花は、お父さんの家族へ向けた愛情や願いの象徴となる。

○コスモスの花でいっぱいに包まれて／コスモスの中から／コスモスのトンネルをくぐって（繰り返し）

ゆみ子の小さな家はコスモスの花でいっぱいになっている。「包まれて」は、そのことを美的に表現している。ゆみ子とお母さんは、お父さんが出征した後、コスモスを育てて、増やしていったのかもしれない。二人はお父さんの思いを受け止めて生きてきたことがわかる。お父さんはいないが、お父さんとお母さんの愛に包まれながら生きていることを象徴的に表現している。

(5) あらすじと主題

○あらすじ　戦争によって父と母子が離ればなれに引き裂かれ、父の死後も母子が健気に生きていく。

○主題　戦争の中にあっても肉親との絆や思いを失わずに精一杯生きていこうとする家族の姿。

(6) 言葉による見方・考え方を鍛える発問アイデア

場面　**第8時全10時間**　**発問のねらい**　**「一つだけ」の意味の変化を読む。**

教師1　クライマックスで何が変わった？（**子ども**　「『一つだけ』という言葉の意味。」）

教師2　ゆみ子はどういう意味で使ってた？（**子ども**　「いくつかあるものの中から『一つ』でいいので下さいという意味。」）

教師3　ではクライマックスでのお父さんは？（**子ども**　「『一つだけ』しかない大切なものという意味。」）

教師4　二つの違いをまとめて説明して。（**子ども**　「ゆみ子は、物をもらう量のことを言っている。お父さんは、その花が一つだけしかないかけがえのないものという意味で言っている。」）

5 『ごんぎつね』 新美 南吉作

（光村図書・東京書籍・教育出版・学校図書・三省堂　4年）

(1) 作品の成り立ちと語句と人物

○成り立ち

初出は、『赤い鳥』（一九三二年一月号）に『ごん狐』として掲載。『ごん狐』と教科書の『ごんぎつね』は、表記の違いを除き同じ。他に自筆原稿『権狐』があるが、『ごん狐』とは異なる点が多い。

○語句

物置・納屋　薪や炭や雑具等を入れておく小屋のこと。この作品では、物置と納屋は同じ建物。

○人物

ごん（中心人物）　兵十　加助　わたし（語り手）　その他

(2) 場面分け

場面分けは、作品の「1」から「6」に従う。

場面	範囲	内容
1	はじめ～草の葉の上にのせておきました。	ごんが兵十にいたずらをして、兵十にぬすっとぎつねめと思われてしまう。
2	十日ほどたって～あんないたずらをしなけりゃよかった。」	兵十のおっかあが死んだことを知り、ごんがいたずらをしたことを後悔する。
3	兵十が、赤いいどの～松たけも二、三本、持っていきました。	ごんが、うなぎのつぐないに、兵十の家へくりや松たけを毎日届ける。
4	月のいいばん～聞こえてきました。	お念仏の日に、ごんが兵十の後ろについていく。
5	ごんは、お念仏が～引き合わないなあ。」	兵十はくりや松たけは神様の仕業だと思い、ごんは「引き合わないな。」と思う。
6	その明くる日も～おわり	兵十がごんを火縄銃で撃ち、兵十がやっとごんのつぐないのことがわかる。

(3) 構造よみ

発端は、「ある秋のことでした。……」である。二、三日降り続いた雨があがり、やっと外に出ることができたある秋の日に、ごんは兵十のつかまえた魚を逃がすといういたずらをする。ごんと兵十が関わる事件が始まるところである。

クライマックスは、次の二案が考えられる。

A　兵十は立ち上がって、なやにかけてある火なわじゅうを取って、～ごんを、ドンとうちました。

〈構造表〉

○冒頭　これは、わたしが小さいときに、……

○発端　ある秋のことでした。……

○山場のはじまり　その明くる日も、……

◎クライマックス　「ごん、おまいだったのか、～目をつぶったまま、うなずきました。

○結末・終わり　……青いけむりが、まだつつ口から細く出ていました。

B　「ごん、おまいだったのか、いつも、くりをくれたのは。」／ごんは、～うなずきました。

Aは、兵十が火縄銃でごんを撃つところで緊張感がある。しかし、撃った結果はわからない。また、栗や松たけを持ってきてくれたのがごんであることも、この時点では兵十にはわかっていない。

Bで、初めて兵十はごんの思いがわかり、ごんのことを理解する。ごんもぐったりと目をつぶったままうなずく。兵十のごんに対する見方が変わり、お互いの気持ちを通じ合わせることができたところである。しかし、それは死をもってわかり合うという悲劇的な物語になっている。

⑷ 形象よみ

○これは、わたしが小さいときに、村の茂平というおじいさん（中略）おとの様がおられたそうです。（時）

お城があって、お殿様が実際におられたというのだから、江戸時代である。今から一五〇年以上前の話である。その話を、「わたし」という語り手が語っている。

○その中山から少しはなれた山の中に、「ごんぎつね」というきつねがいました。（人物・場）

ごんは、お城のある中山から少しだけ離れたところの山の中に住んでいる。あまり近いと、見つかって捕まるかもしれない。でもみんなの近くにいたいという気持ちもある。「少しはなれた」は、物理的な距離だけではなく、村の人と関わりたいという心理的な距離も示している。

○ひとりぼっちの小ぎつね（人物）

ごんは孤独で寂しく、家族や友だちが誰もいない。自由で気ままであるとも読むこともできる。ごんは「子ぎつね」ではなく、「小ぎつね」で体の小さいきつねである。一人で住んでいるのだから、青年か大人であろうか。またごんと呼ばれていることから、村の人たちには知られている存在である。

○「うわあ、ぬすっとぎつねめ。」

ごんは、兵十にいたずらをする。兵十は、ごんがうなぎをくわえているのを見て、ごんにうなぎをとられたと思い、「ぬすっとぎつねめ」と、怒りの気持ちを持つ。しかし、ごんには、盗むという意識はない。この認識の違いが、この後のすれ違いを生むことになる。

○「ちょっ、あんないたずらをしなけりゃよかった。」

兵十のおっかあの死を知り、ごんは自分がしたいたずらについて初めて後悔する。ここでいたずらをしたことに対する認識が変わる。そして兵十に対して謝罪の気持ちを持つようになる。ごんの大きな変化である。この後、ごんはいたずらをしなくなったのかもしれない。

○「おれと同じ、ひとりぼっちの兵十か。」

ごんは、自分と同じ境遇になった兵十に対して親しみや共感を覚える。同時に、兵十に近づきたいという気持ちもここで生まれている。自分が一人ぼっちでさびしいのだから、兵十もきっとさびしいに違いないという勝手な思い込みから、兵十への一方的な思いを募らせていく。

○ごんは、うなぎのつぐないに、まず一つ、いいことをしたと思いました。

ごんに、いわしを盗むことは悪いという認識はない。盗んだものでつぐないをするという軽さがあり、そのことを、ごんはわかっていない。

○次の日も、その次の日も、（中略）その次の日には、松たけも二、三本、持っていきました。（繰り返し）

ごんは、三日連続で栗を届け、四日目には松たけも届ける。ごんは、ますます兵十に対する親しみを深めていくが、その気持ちは兵十には届かない。誰がくれたかもわからず不審に思っているであろう兵十のことを、ごんはわかっていない。ごんには、栗や松たけを探し集める行為が、楽しく充実感のあるものになっているのかもしれない。

○兵十のかげぼうしをふみふみ行きました。

かげぼうしを踏むことができるほどの、そして二人の会話が聞こえるほどの近い距離である。しかもふみふみだから一回ではない。何回もである。気持ちも弾み、兵十と一緒にかげを踏んで遊んでいるようにも読みとれる。兵十への思いも相当近づいていることがわかる。兵十への求愛といってもいいくらいの近づき方である。

○ごんは、「へえ、こいつはつまらないな。（中略）神様にお礼を言うんじゃ、おれは引き合わないなあ。」

自分が届けていることを知らせていないので、兵十が知らないのも当然である。引き合わないというのは、ごんの一方的な感情である。ここでごんは、今まで栗や松たけを届けていたのに、兵十が気づいてくれないことにがっかりしたのかもしれない。しかし同時に自分の気持ちをもっとわかってほしいという思いもあり、どうしたらいいのかよくわからないまま、翌日も栗や松たけを届ける。

○その明くる日も、ごんは、くりを持って、兵十のうちへ出かけました。（繰り返し）

ごんは、また兵十のために栗を届ける。それは、栗を届けているのは神様ではなく自分なんだとわかってほしい気持ちが強かったからである。兵十に近づき、仲良くしたかったとも読みとれる。前日に、つまらないなと思ったごんであったが、兵十に対する求愛の気持ちがまだ続いていることがわかる。

○そのとき兵十は、ふと顔を上げました。（中略）ごんぎつねめが、またいたずらをしに来たな。

ごんから兵十に、視点の転換が行われている。「ごんぎつねめ」から、以前ごんにうなぎを盗まれたことを、兵十がまだ恨んでいることが読みとれる。

○「ようし。」兵十は立ち上がって、（中略）ごんをドンとうちました。

百姓が困るいたずらを繰り返してきたごんである。村人たちも兵十も、ずっと怒りを募らせており、銃で撃ち殺すほどの憎しみを持っていたのである。二人の間には結局会話が交わされず、お互いの気持ちが伝わらないまま、ごんは撃たれたのである。

○うちの中を見ると、土間にくりが固めて（中略）兵十はびっくりして、ごんに目を落としました。

兵十がうちの中を見たのは、ごんに家を荒らされたと思ったのである。しかし栗が固めて置いてあり、ここで初めて、兵十は栗や松たけを届けてくれたのが、ごんであることを知る。

○「ごん、おまいだったのか、いつも、くりをくれたのは。」／（中略）うなずきました。（クライマックス）

初めて兵十にごんの気持ちが伝わるところである。兵十は、ここでごんの思いをやっと理解する。ごんもここでやっと兵十に理解してもらえた。いたずらのつぐないから始まり、「おれと同じ、ひとりぼっちの兵十か。」という親近感が生まれ、兵十と仲良くなりたいと思っていたごんの気持ちがやっと通じたのである。ここでお互いの気持ちを通い合わせることができ、二人の関係が大きく変わる。しかしそれは死をもってわかり合えるという悲劇的な仕掛けになっている。

○兵十は、火なわじゅうをばたりと取り落としました。

「ばたりと」は、物が勢いよく倒れる様である。また「取り落とす」は、持っているものをうっかり落とすことである。兵十の驚きや後悔の気持ちの大きさを読みとることができる。

○青いけむりが、まだつつ口から細く出ていました。

青は、沈んだ気持ちを表現している。語り手は、ごんや兵十のその後のことは語らず、読者にその意味を委ねる、余韻を残す終わり方にしている。

(5) あらすじと主題

○あらすじ　いたずらばかりしていたごんが、兵十につぐないをするが、わかってもらえずに撃たれて殺されてしまう。

○主題　お互いにつながり合える関係でありながら、つながることができない難しさ。

場面 **第3時全10時間** **発問のねらい** **クライマックスを決定する。**

教師1 この作品のクライマックスは何場面にありますか。（**子ども**「6場面です。」）

教師2 6場面の中のどの文ですか。大きく変化する文を見つけてください。（**子ども**「兵十は立ち上がって、なやにしかけてある火なわじゅうを、～うちました。」です。〈①の意見〉**子ども**「『ごん、おまいだったのか、いつも、くりをくれたのは。』～うなずきました。」です。〈②の意見〉）

教師3 ①②は、それぞれ何が変化したのですか。（**子ども**「①は、ごんが火なわじゅうで撃たれて死んでしまうという変化です。」**子ども**「②は、ここで兵十は、栗や松たけをくれたのはごんであることが、やっとわかるという変化です。」）

教師4 この物語はどういう話でしたか。3・4・5の場面に戻って考えてください。（**子ども**「ごんが、いたずらをしたつぐないに、栗や松たけを一生懸命兵十に届けていたのに、少しもわかってくれない話です。」）

教師5 この物語は、ごんが生きるか死ぬかの話ではなく、兵十にごんの気持ちがわかってもらえるかどうかという話です。②でやっと二人はわかり合えるので、クライマックスは②です。

第3節 小学校 高学年

1 『注文の多い料理店』 宮沢 賢治作

（東京書籍・学校図書 5年）

(1) 作品の成り立ちと人物

○成り立ち

初出は、童話集『注文の多い料理店』（杜陵出版部・東京光原社 一九二四年）。教科書は、表記の違いを除き初出と同じ。発表された時代と作品の時代背景は、重なると考えてよいだろう。

○人物

二人のしんし（中心人物） 山猫たち 猟師

(2) 場面分け

「風がどうとふいて～木はゴトンゴトンと鳴りました。」という二つの文を境に、作品は大きく三つに分かれる。一つ目の「風がどうとふいて～。」の前までが[1]場面。二つの「風がどうとふいて～。」の間が、山猫軒での出来事である。そこを四つの場面に

場面	範囲	内容
[1]	はじめ～見当がつかなくなっていました。	二人の紳士が狩りに出て、山奥で迷ってしまう。
[2]	風がどうとふいてきて～何か食べたくてたおれそうなんだ。」	二人の紳士が、山猫軒に出会う。
[3]	二人はげんかんに立ちました。～まちがえて入れたんだ。」	次々に出される注文に従う紳士。
[4]	二人は戸を開けて中に入りました。～泣いて泣いて泣いて泣いて泣きました。	注文が、自分たちが食べられるためのものだと気がつく。
[5]	そのとき、後ろからいきなり～木はゴトンゴトンと鳴りました。	犬が入ってきて、山猫は逃げていく。
[6]	犬がフーとうなってもどってきました。～おわり	東京に帰るが、紙くずのような顔はもとに戻らなかった。

分ける。[2]場面は、山猫軒に入るまで、[3]場面は、紳士が注文の意味に気づかずに、次々に出される注文に従っていくところ、[4]場面は、紳士が注文の意味に気づくが、逃げることができないところまで、[5]場面は、犬が出てきて山猫を追い払い、二人の紳士が助かるところまでである。そして二つ目の「風がどうとふいて〜。」の後が[6]場面である。[5]場面が最も大きく変化する。

(3) 構造よみ

発端「風がどうとふいて〜」から山猫軒を中心とした話になる。異世界への入り口である。

クライマックスは、次の二案が考えられる。

A　二人は、泣いて泣いて泣いて泣いて泣きました。

B　そのとき、後ろからいきなり、「ワン、ワン、グワア。」という声がして、〜飛びこんできました。

Aは、量的にも時間的にも

〈構造表〉

○冒頭　二人のわかいしんしが、……
○発端　風がどうとふいてきて、……
○山場のはじまり　二人は戸を開けて中に……
◎クライマックス　そのとき、後ろからいきなり、〜部屋の中に飛びこんできました。
○結末　……木はゴトンゴトンと鳴りました。
○終わり　……もう元のとおりになおりませんでした。

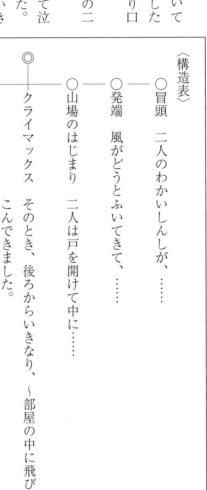

長く泣き続け、緊張感が一気に高まるところである。しかし二人の紳士が、ここで山猫に食べられてしまったのか、それとも助かったのかどうかはわからない。泣くという変化はあるが、その他には何も状況は変わっていない。

Bは、犬の登場によって、食べられそうになった二人が無事助かる。危機的な状況から脱する大きな変化である。しかし単純に二人が助かって終わっているわけではない。この作品は、終結部の読みが重要となる。

(4) 形象よみ

○初読と再読で違う読みとなることに注意する

この作品を初めて読む時は、たくさん注文があって、山猫軒はとても流行っているレストランだと思う。しかし再読してみると、客が注文するのではなく、山猫が客に注文して、人間を食べてしまうレストランという読みに変わる。初読では、紳士の解釈を中心に読み進めるが、再読では、山猫のねらいを意識して読むことが大切である。

○二人のわかいしんしが、すっかりイギリスの兵隊の形をして、ぴかぴかする（中略）歩いておりました。

「すっかりイギリスの兵隊の形をして」から、一分のすきもなく兵隊の服装に身を固めた紳士の様子が読みとれる。当時は、兵隊の服装と狩猟用のハンティングドレスと形が似ていた。「ぴかぴかする鉄砲」とは、新品の鉄砲なのか、よく手入れをしている鉄砲なのか、どちらかである。新品の鉄砲ならば、狩りをした経験があまりないのかもしれない。

○「ぜんたい、ここらの山はけしからんね。鳥もけものも一ぴきもいやがらん。（後略）。」

鳥やけものが元々いないのか、狩りが下手で見つからないのか二つの可能性が読める。乱暴な口調であり、内容も自分勝手な言い分である。読者は二人に共感するよりも、少し引いて読むことになる。

○「しかの黄色な横っぱらなんぞに、二、三発お見まい申したら、（中略）たおれるだろうねえ。」

鹿を殺すことを楽しんでいる。狩猟は紳士のスポーツというが、紳士とは思えない残酷な性格である。紳士は、ふつう礼儀やマナーをわきまえている立派な人である。二人は本当に紳士なのかと読者は疑って読むことになる。

○「実にぼくは二千四百円の損害だ。」「ぼくは二千八百円の損害だ。」

二千四百円や二千八百円は、現在でいうと二百万円から三百万円くらいといわれる。二人は、犬の命もお金に換算して考えてしまう。ここも紳士らしくない姿である。

RESTAURANT
西洋料理店
WILDCAT HOUSE
山　猫　軒

英語が二か所使われており、二人の心をくすぐる。イギリスの兵隊の格好をして、西洋にあこがれている二人が、このレストランに入るのは至極当然である。山猫は紳士たちの姿を見て、このようなレストランを作り出したのかもしれない。レストランに山猫軒という名前はふつうつけないが、二人は違和感を持っていない。山猫は正直なのか、それともあまり深く考えていないのかもしれない。

○**【どなたもどうかお入りください。決してごえんりょはありません。】**

「いりません」ではなく、「ありません」と書かれている。日本語の使い方としておかしいが、二人は遠慮はいらないと解釈をして、おかしさに気づかない。山猫にとっては、遠慮しないという意味である。「どうか」という言葉は、この後四回出てくる。これも山猫のお願いだから聞いてほしいという本音が示されている。

○**【ことに太ったおかたやわかいおかたは、大かんげいいたします。】**

二人は、自分たちが大歓迎されていると解釈する。山猫からすると、若くて太っている方が美味しいのである。山猫は素直に自分たちの希望を述べている。

○**【当軒は注文の多い料理店ですから、どうかそこはご承知ください。】**

本来、注文は客からするものである。二人は、客からの注文が多くてよく流行っている店だから、時間がかかると解釈する。しかし山猫から客に対する注文が多いということである。だから「どうか」になっており、山猫の本音が示されている。

○**【注文はずいぶん多いでしょうが、どうかいちいちこらえてください。】**

二人は、ここで初めて戸惑いを見せる。しかし結局、注文が多いから時間がかかるんだと自分たちに都合のいい解釈をしてしまう。戸の言葉を自分たちに都合のいいように解釈する二人である。

○**【鉄ぽうとたまをここへ置いてください。】**

ここから具体的な注文が始まっている。山猫は、危険なものは早く取り除きたいのである。しかし二人は、理由を勝手に考えて納得し、素直に注文に従っている。

○【どうかぼうしと外とうとくつをおとりください。】

ぼうしと外とうとくつは、ふつう「おとりください」ではなく、「おぬぎください」である。人間は「ぬぐ」であるが、山猫からすると「とる」になる。しかし二人は、疑うこともなく注文に従っている。

○【ネクタイピン、カフスボタン、眼鏡、さいふ、（中略）みんなここに置いてください。】

二人は、金気のものやとがったものは危ないと、ここでも自分たちに都合のいい解釈をする。

○【つぼの中のクリームを顔や手足にすっかりぬってください。】

この注文も、ひび割れの予防だと解釈してしまう。しかもクリームをぬるふりをして食べるという意地汚さも示す。山猫としては、味つけをして美味しく食べるための注文である。

○【クリームをよくぬりましたか、耳にもよくぬりましたか。】

細かいとこまでよく気がつくと感心してしまう二人。山猫としては耳まで美味しく食べたいのである。山猫が、注意深く紳士の様子を観察して、注文していることがわかる。

○【料理はもうすぐできます。十五分とお待たせはいたしません。すぐ食べられます。】

山猫の注文には主語と目的語がなく、「食べられます」は、可能と受身の二通りに解釈できる。二人からの注文が一度もないまま、料理はもうすぐできるという。二人からすると、もうすぐ料理を自分たちが食べることができるという解釈となる。しかし山猫からすると、二人を自分たちが食べるのである。

○【いろいろ注文が多くてうるさかったでしょう。お気の毒でした。（中略）もみこんでください。】

今度という今度は、二人ともぎょっとする。注文は、山猫から二人にされていたことがわかるのである。「お気の毒でした」は、山猫の本音がユーモラスに語られている。

○【いや、わざわざご苦労です。たいへんけっこうにできました。（中略）おなかにお入りください。】

「けっこうにできました」は、二人が山猫の注文通りにできたという意味であるが、客を軽視した言葉である。「おなかにお入りください」は、部屋の中に入ってほしいという意味であるが、「お」をつけて丁寧な言葉にしたために、おかしな表現になっている。しかしそのことで、山猫のお腹の中に入ってほしいという本当のねらいも表現されることになる。

○二人はあんまり心をいためたために、顔がまるでくしゃくしゃの紙くずのように、（中略）泣きました。（直喩）

くしゃくしゃの紙くずのような顔とは、しわだらけの顔のことである。若い二人がしわだらけの顔になり、若さを失い醜い顔になってしまったのである。紙くずは、価値のないもの、捨てられるものである。顔を紙くずにたとえることで、二人の紳士が、価値のないものであることを象徴的に表現している。

○二人は、泣いて泣いて泣いて泣いて泣きました。（繰り返し）

二人は、山猫に食べられてしまうという恐怖から泣き出す。しかし、逃げるわけでも抵抗するわけでもなく、自分たちは何もしないのである。あるいは、できないといってもよいかもしれない。紳士たちが主体的に行動することはないのである。

○そのとき、後ろからいきなり、「ワン、ワン、グヮア。」（中略）飛びこんできました。（クライマックス）

死んだはずの犬の登場によって、山猫に食べられそうになった二人の紳士が無事助かる。二人が、危機的な状況から脱する大きな変化である。しかし自分たちの力で脱したわけではない。犬という第三者の力で助かったのである。二人は何もしていないのである。異世界での出来事なので、死んだ犬も生き返るのであろうか。

○しかし、さっきいっぺん紙くずのようになった二人の顔だけは、（中略）なおりませんでした。

犬の命をお金に換算する冷酷さ、自分たちに都合のいいように状況を解釈する身勝手さ、自ら何もしない主体性のなさなど、二人のあり方に対する強烈な批判である。

(5) あらすじと主題

○あらすじ　二人の紳士が、山猫に食べられそうになり、犬に助けられるが、紙くずのような顔は元に戻らなかった。

○主題　言葉の二重性によるユーモア性と風刺。

(6) 言葉による見方・考え方を鍛える発問アイデア

場面 第7時全10時間 **発問のねらい** 比喩の意味を読む。

教師1 「くしゃくしゃの紙くずのように」というのは、どういう表現技法ですか。（子ども 「比喩。直喩。」）

教師2 何を何にたとえていますか。（子ども 「顔をくしゃくしゃの紙くずにたとえている。」）

教師3 顔がくしゃくしゃの紙くずのようになるということは、どういうことですか。（子ども 「しわだらけの顔になるということ。」）

教師4 なぜ、顔が元にもどらなかったのですか。（子ども 「自分の都合のいいように解釈したり、動物の命を軽く見たりしたから。」「自分勝手で、自分からは何もしないことに対する批判だと思う。」）

2 『大造じいさんとガン』 椋 鳩十作

（光村図書・東京書籍・教育出版・学校図書・三省堂　5年）

(1) 作品の成り立ちと語句と人物

○成り立ち

初出は『少年倶楽部』（一九四一年十一月号）、前書き部分がなく、文体は常体である。作品集『動物ども』（三光社　一九四三年）に収録された時には、前書きがつき、文体が敬体になった。光村図書は前書きありの敬体、東京書籍・学校図書・三省堂は前書きなしの敬体、教育出版は常体で前書きはない。

○語句

ガンがり　ガンは現在禁猟となっており、この話はガン狩りが合法であった時代のものである。

感嘆の声をもらす　感心して褒め称える気持ちを声に出して言うこと。

五俵　「俵」は元来体積の単位で米俵一俵は約六十キログラム。「五俵」はかなりの体積・量といえる。

ハヤブサ　肉食の猛禽類。くちばしは鋭く、鋭い爪を持つ。速

場面	範囲	内容
前書き	はじめ～この物語をお読みください。	語り手が老狩人からガン狩りの話を聴いたいきさつが述べられる。
1	今年も、残雪は～感じたのでありました。	大造じいさんが〈ウナギつりばり作戦〉で失敗する。
2	その翌年も、残雪は～うなってしまいました。	大造じいさんが〈タニシ作戦〉で失敗する。
3	今年もまた～気がしませんでした。	大造じいさんが〈おとり作戦〉で残雪を撃たず、瀕死の残雪を今までと違う目で見る。
4	残雪は、大造じいさんの～おわり	大造じいさんが、捕らえた残雪を数か月後の春に大空へ解き放つ。

く飛び、獲物を見つけ急降下する。

○人物

わたし（前書き部分にのみ登場する一人称の語り手）　大造じいさん（中心人物）

(2) 場面分け

場面分けは作品中につけられた番号に従う。

作戦が三度繰り返され、残雪を打ち負かしたいという大造じいさんの思いは強まっていく。しかし3の場面で大造じいさんは絶好の機会に残雪を撃たない。大きな変化は3の場面にある。

(3) 構造よみ

発端は1の場面の最初、大造じいさんと残雪とが出会うところだ。数年前から残雪が大造じいさんの狩り場にやってきている設定になっている。しかし、この作品での両者の出会いはここからだ。いきさつが導入部的に述べられる部分も最

〈構造表〉

○冒頭　知り合いのかりゅうどにさそわれて、……

○発端　今年も、残雪は、ガンの群れを率いて、……

○山場のはじまり　じいさんは目を開きました。……

◎クライマックス・結末　大造じいさんは、～気がしませんでした。

○終わり　……見守っていました。

初の方にあるが、「今年も」と時を特定して事件の始まる場面である。

クライマックスは③の場面の最後、大造じいさんが残雪を「ただの鳥」と見られなくなる部分だ。

この物語の事件は、大造じいさんの残雪への見方の変化だ。残雪を撃つのをやめた場面で大造じいさんは残雪を単なる獲物と見ることができなくなった。残雪への見方が変化したのだ。その後は残雪への敬意がさらに高まっていき、ついにクライマックスで「ただの鳥に対しているような気がし」ないと自覚するに至る。

(4) 形象よみ

○じいさんは、七十二さいだというのに、こしひとつ曲がっていない、元気な老かりゅうどでした。

気力・体力ともに衰えを見せず、まだまだ現役だ。この後の文に「なかなか話し上手の人」とあり、コミュニケーション能力に優れ人間的魅力に富んだ人物といえる。経験豊かで知識も豊富なベテラン狩人である。

○わたしは、その折の話を土台として、この物語を書いてみました。

この後始まる本文の話が、前書きで書かれている大造じいさんの話そのままではないということだ。

前書きの「今から三十五、六年も前」という表現から、本文の大造じいさんを二十代とする読みもあり得る。しかし①の場面以降の大造じいさんも、前書きの大造じいさんの人物像をほぼそのまま受け継いでいると考えてよい。ゆえに、年齢についても「七十二さい」かそれに近い年齢とも考えられる。

○今年も、残雪は、ガンの群れを率いて、ぬま地にやって来ました。（呼称の読み）

大造じいさんという唯一の登場人物を差し置いて、まず残雪が登場する。人物ではないが、残雪がこの物語で重要な役割を果たす、大造じいさんと等価かそれ以上の存在であることが暗示されている。

「残雪」という呼称に、大造じいさん（そしてその他の狩人たち）の見方が反映されている。この後の文に「真っ白な交じり毛をもっていたので」とある。そうした珍しい模様を持っている、他のガンとは違う、特別なガンである。「残雪」とは冬の間に降り積もった雪が春になって融けずに残っている状態をいう。暖かい春に高い山に残っているのが「残雪」だ。「残雪」という呼称にはそうした自然の神秘への畏敬も読みとれる。

○大造じいさんは、このぬま地をかり場にしていたが、いつごろからか、この残雪が来るようになってから、一羽のガンも手に入れることができなくなったので、いまいましく思っていました。（呼称の読み）

「大造」の「大」「造」という漢字の意味と「ダイゾウ」という読みの濁音の多さから、肯定的には人物の大きさや意志の強さ、性格の大らかさ・大胆さが読める。否定的には頑固で融通の利かない性格とも読める。

「一羽のガンも手に入れることができなくなった」とは異常事態だ。ガンの渡ってくる数か月、収入が激減する。これは死活問題だ。かなり追い詰められた状況から「いまいましく思」う心情がわき起こっている。

○じいさんは、一晩中かかって、たくさんのウナギつりばりをしかけておきました。

一晩中、腰をかがめ、たくさんのウナギつりばりを、たった一人で仕掛けたのだ。大変な作業で、それだけ残雪への勝利にこだわっている。この後の〈タニシ作戦〉で「夏のうちから」、〈おとり作戦〉で「二年前」というように、作戦は徐々に長く手間のかかるものになっている。年々高まる意気込みを表している。

○「ほほう、これはすばらしい。」／じいさんは、思わず子どものように声を上げて喜びました。（直喩）

発言内容から素直な性格、年に似合わぬ純粋さが読める。しかし否定的には、子どもっぽく幼い単純な人物とも読める。直喩の説明的な調子からは大造じいさんからやや離れた客観的な語り手が感じられる。

○しかし、大造じいさんは、たかが鳥のことだ、一晩たてば、またわすれてやって来るにちがいないと考えて、昨日よりも、もっとたくさんのつりばりをばらまいておきました。

「たかが鳥」という言葉は、残雪を見下し侮って自分の作戦の成功を確信した表現である。2の場面には「しめたぞ。もう少しのしんぼうだ。あの群れの中に一発ぶちこんで、今年こそは、目にもの見せてくれるぞ。」、3の場面には「さあ、今日こそ、あの残雪めにひとあわふかせてやるぞ。」という表現がある。「しめたぞ」「目にもの見せてくれるぞ」「あの残雪め」といった表現に、残雪を見下し侮る同様の意識が顕著だ。

○大造じいさんは、夏のうちから心がけて、タニシを五俵ばかり集めておきました。

正確な重さや体積はともかく、画像を見せるなどして「五俵」が相当な数・量であることを理解させる。タニシを集めるのに、「夏のうちから」二か月か三か月をかけた。小さいものだ。腰をかがめて拾って集めるのだ。かなりの苦労をしたはずだ。それほどこの作戦に期待をかけ、残雪を仕留めることを熱望している。

○大造じいさんは、広いぬま地の向こうをじっと見つめたまま、／「ううん。」／と、うなってしまいました。

1の場面では失敗の後「大造じいさんは、思わず感嘆の声をもらしてしまいました。」とある。「思わず」「もらしてしまいました」「うなってしまいました」と、これらの表現は「〜てしまいました」という文末になっている。そうしたくはなかったのに、無意識にやってしまった、やらざるを得なかったという含みが感じられる。しかし[1]の場面の「もらして」から[2]の場面の「うなって」に動詞が変化したところからは、[2]の場面の作戦失敗後の方がやや意識的に声をあげ、感心し敬服しているようにも読める。

○東の空が真っ赤に燃えて、朝が来ました。（情景描写）

[1]の場面では「秋の日が、美しくかがやいていました。」、[2]の場面では「あかつきの光が、小屋の中にすがすがしく流れこんできました。」という情景描写がある。この三文はどれも、それぞれの作戦が失敗する直前、大造じいさんの期待が最も高まったところで現れる。大造じいさんに寄り添い重なった語り手が、大造じいさんの目で見たものを描写してその心情を象徴的に表している。

時間帯が昼頃・夜明け・夜明け前というように次第に早まっている。大造じいさんの心がしだいにはやり、前のめりになっていることが読める。太陽の光の表現も「かがやいていました」「流れこんできました」「真っ赤に燃えて」と徐々に動的に激しくなり、心の動きが激しく高まっていくのと呼応している。

○大造じいさんは、ぐっとじゅうをかたに当て、残雪をねらいました。が、なんと思ったか、再びじゅうを下ろしてしまいました。

それまで大造じいさんに寄り添ってきた語り手は、この緊張感の高まった瞬間において、「が、なんと思ったか」とその心情を語るのをやめる。当然、ここで何を思ったかを考えることを読者は求められる。

次の段落の二文も非常に特殊である。文末は「ありませんでした。」「あるだけでした。」と、あたかも語り手が残雪に重なり、その心情を語っているようになっている。これは野生動物である残雪がそう思ったのではなく、残雪へ感情移入した大造じいさんの見方に、語り手も重なった表現と見るべきだ。つまり、大造じいさんにはそのように見えた、ということだ。ハヤブサはスピードも爪やくちばしの鋭さもガンとは比べものにならない。戦えば勝負は明らかで、残雪が仲間のガンの命を救うために、自分の命を捨てているように見えたのだ。「自己犠牲」の精神を見てとり、銃を下ろした。命を懸けて他のものを守ろうとし自分と正面から敵として全力で向き合えない残雪を、卑怯にも撃つことが、大造じいさんにはできないのだ。

○大造じいさんは、強く心を打たれて、ただの鳥に対しているような気がしませんでした。(クライマックス)

1 2の場面の作戦失敗後の「～てしまいました」という表現とは違い、ここでは「強く心を打たれて」と残雪への感嘆・敬意を自然に受け入れている。地上に落ちた残雪の様々な動作を、「残りの力をふりしぼって」「じいさんを正面からにらみつけ」「もうじたばたさわ」がない、と見たのである。大造じいさんにはそう見え、最終的に「強く心を打たれて、ただの鳥に対しているような気がし」なくなった。ここで、残雪を対等の相手・敵と見てお互い命を懸けた戦いの当事者として敬意を払う、大造じいさんの心情が確定する。

○残雪は、大造じいさんのおりの中で、一冬をこしました。春になると、そのむねのきずも治り、体力も元のようになりました。

この場面は、二年前に捕らえたガンの様子を語る場面と非常に対比的だ。残雪の傷は冬から春の数か月で完全に癒えたという。「二年」と「数か月」という歳月の長さが対比的だ。飼っていた場所も「鳥小屋」と「おり」で、その住み心地、家畜化の度合いが対比的だ。

大造じいさんは残雪に敢えて自分から近づかず、慣れさせないようにしている。残雪を畏敬の念を持って見る大造じいさんにとって、残雪の自然の部分、野生を奪うことは何としても避けなければならなかった。それが対等の相手・好敵手として、そのまま残雪を自然に返すことにつながるからだ。

○「おうい、ガンの英雄よ。おまえみたいなえらぶつを、おれは、ひきょうなやり方でやっつけたかあないぞ。（中略）そうして、おれたちは、また堂々と戦おうじゃあないか。」

ここで大造じいさんは残雪を「ガンの英雄」「おまえ」「えらぶつ」と呼ぶ。3の場面で「あの残雪め」と呼んでいたのとは対照的である。相手を「おまえ」と呼び自分を「おれ」と呼ぶのは、対等の相手と認め、仲間意識や連帯感を感じているからである。

大造じいさんの言う「ひきょうなやり方」とは〈正面から敵として全力で向き合うことのできないものを撃つこと〉である。自己犠牲の精神や死を覚悟した態度を示すものは、もはや倒すべき相手ではない。ゆえに、大造じいさんが試みてきた三つの作戦はここで言う「ひきょうなやり方」ではない。「また堂々と戦おう」とあるように、次の年も大造じいさんは知恵を絞った策略を巡らすはずである。

(5) あらすじと主題

○あらすじ　大造じいさんが残雪というガンと知恵を絞って戦ううちに、野生のガンを対等の相手・好敵手と感じ、深い敬意を払うようになる。

○主題　全力で他者と関わることによって生ずる、他者への深い畏敬の念。

場面 **第8時全8時間**　**発問のねらい** **大造じいさんの言う「ひきょうなやり方」とは何かを考える。**

教師1　これまでやってきた三つの作戦〈ウナギつりばり作戦〉〈タニシ作戦〉〈おとり作戦〉はひきょうなやり方なのか。（**子ども**「ひきょうなやり方だ。」「ひきょうなやり方ではない。」）

教師2　「また堂々と戦おうじゃあないか」という言葉、特に「また」という言葉から何が読みとれるか。（**子ども**「これまでも堂々と戦ってきたという大造じいさんの思い。」）

教師3　大造じいさんにとって、残雪を三つの作戦で撃つことと、ハヤブサと戦う中で撃つこととの違いは何か。（**子ども**「相手が生きようとしているか、死のうとしているかの違い。」「相手が自分と全力で戦えるか、全力で戦えないかの違い。」）

教師4　大造じいさんの言う「ひきょうなやり方」とはどんなやり方か。（**子ども**「もう死を覚悟している相手を殺すやり方。」「敵である自分と全力で戦えない状態にある相手を殺すやり方。」）

3 『風切るつばさ』 木村 裕一作

（東京書籍 6年）

(1) 作品の成り立ちと語句と人物

○成り立ち

初出は、絵本『風切る翼』（講談社 二〇〇二年）。公開絵本というイベントで、黒田征太郎と共同で作られた。表記以外は絵本と同じである。

○語句

アネハヅル 渡り鳥。シベリアなどで繁殖し、秋にヒマラヤ山脈を越えてインドへ渡る。

プライド 誇り、自尊心。

○人物

クルル（中心人物） カララ アネハヅルの仲間

＊クルルとカララだけに名前がある。また二羽とも三音で、似た響きである。

場面	範囲	内容
1	はじめ～飛ぶことがつらくなってきた。	クルルが仲間はずれになる。
2	ある朝、～わたり始める。	クルルは、モンゴルに一羽残る。
3	白い雪がちらほらと～見つめていた。	クルルのもとに、カララが戻ってくる。
4	日に日に寒さが増してくる。～おわり	クルルは、カララと南を目指す。

(2) **場面分け**

場面は、時を示す（ある朝・白い雪がちらほらと・日に日に寒さが）で四つに分ける。4場面が最も大きく変化している。

(3) **構造よみ**

〈構造表〉

○冒頭・発端　それは、夕ぐれどきの一瞬の出来事だった。……

○山場のはじまり　日に日に寒さが増してくる。……

◎クライマックス　カララがふり向いて、／「いっしょに行ってくれるかい？」／と言った。／「もちろんさ。」／クルルも少し照れて笑ってみせた。

○結末・終わり　つばさを大きく羽ばたかせ、どこまでもどこまでも……。

キツネに襲われて一羽の命が奪われたことがきっかけで、仲間のクルルへの批判が始まる。クルルは仲間が信じられなくなり仲間から孤立していく。事件の根底に、クルルと仲間との信頼関係が崩れていくことがある。冒頭＝発端になっている。

クライマックスは、次の三案が考えられる。

A　その瞬間、クルルはカララをつき飛ばすように羽ばたいた。

B　「おれ、飛んでる。」クルルは思わずさけんだ。

C　カラがふり向いて、／「いっしょに行ってくれるかい？」～クルルも少し照れて笑ってみせた。

Aは、キツネの襲撃から逃れて、クルルが飛び上がるところである。飛べなくなっていたクルルが飛び上がったのである。しかしはっきりと上空まで飛んで行ったとは語られていない。そしてキツネの襲撃から逃れることができたのかもわからない。

Bは、飛べなくなっていたクルルが飛んだところである。上空まで、しかも力強く自信に満ちた羽ばたきである。また「おれ、飛んでる。」と、飛べたことへの驚きとともに、再び生きる希望を見出してもいる。しかし、クルルが飛べるようになっただけで、カララや仲間との関係がどうなったのかは明らかではない。

Cは、Bの直後であり、カララの言葉にクルルが答えるところである。カララが「いっしょに行ってくれるかい？」と問いかける。この言葉からカララは、クルルをかばえなかったことを後悔し、そのことがずっと心に引っかかっていたことが明らかになる。そしてクルルはカララの思いを受け入れて、二人の信頼関係がここで回復するのである。

(4)　形象よみ

○それは、夕ぐれどきの一瞬の出来事だった。（冒頭）

「それ」という指示語は、前に書いてあることを受けて使うことが多い。しかしここでの指示内容は、後に述べられている。いったい何が起こったのだろうかと読者を引き込む書かれ方になっている。

○若いアネハヅルの群れが、キツネにおそわれたのだ。

若いツルの集団なのである。若いので未熟である。仲間を守り切れなかった責任を、論理的に解決するのではなく、誰か一人を追及することで解決しようとするのである。

○「あのとき、だれか、羽ばたいたよな。」

「あのとき」と、過去の一点を問題にして仲間を追及する。他にも「あのとき」が四回繰り返されている。過去の一点に向かって仲間の思考が向かっていく。そして仲間の犯人探しが始まり、矛先がクルルに向けられる。

○クルルはときどき、体の弱いカララに、とったえさを分けてやっている。

クルルは、体の弱いカララを助ける優しい性格である。クルルがカララを守るという関係である。

○そんな言い訳などおしつぶされそうな雰囲気に、クルルはだまるしかなかった。

黙るということは、言い返さないことであり、他の仲間たちは批判をクルルが認めたと受けとったのかもしれない。

○カララでさえ、だまってみんなの中に交じっている。（伏線）

クルルがカララにえさを分けていたことを批判されているのである。当然カララも関わっている。しかしカララは黙っている。カララはクルルのことをかばわなければいけない立場である。しかしここでクルルをかばうと、カララ自身も攻撃されるかもしれない。とてもクルルをかばえる雰囲気ではなかったのだろう。クルルにとっては、味方だと思っていたカララさえも、黙ってみんなと一緒にいる。クルルはますます仲間を信じられなくなり、孤立感を強める。クルルをかばうことができなかったというカララの後悔が、この後のカララの行動の伏線になっている。

○「あのとき、どうして言い返さなかったんだ。（中略）自分の顔、自分のあし、自分のつばさ、みんないやだ。」

「自分」が五回繰り返されている。クルルは仲間を責めるのではなく、孤立したみじめな自分を責める。仲間のことも信じられなくなり、ますます内向的になっていく。

○ある朝、クルルは飛べなくなっていた。

事件の変化である。鳥が、それも渡り鳥が、飛べなくなることは、死をも意味することである。クルルの羽ばたく力が弱くなって飛べなくなったのではない。精神的に追い込まれて、飛ぶことに自信をなくし、とうとう飛べなくなったのである。

○冬が近づいてくる。

「冬が近づいている」と比べる。「冬が近づいてくる」の方が、様子がより動的に表現される。零下五十度になるモンゴルの冬＝死であり、クルルの死が着実に迫ってきていることがわかる。

○えさを食べず、ただじっと（中略）おしつぶされそうな最後のプライドを保つ、ゆいいつの方法に思えた。

仲間に攻撃されて味方がいなくなり、自己を否定して、自分の存在価値すら見出せなくなっていたクルル。そんなクルルのプライドとは、生きるためにあがくことをせず、えさも食べずにただじっとうずくまって死を待つことなのである。

○やがてツルの群れが、南に飛んでいくのが見えた。
冬が近づいてくる。時間がなくなってきている。モンゴルの高原に居続けることはできない。仲間のツルはクルルを捨てて南に飛んでいく。しかし飛べないクルルは、仲間を黙って見ているしかない。

○白い雪がちらほらと（中略）。クルルの目に、南の空からまいおりてくる一羽の鳥が見えた。カララだ。
カララも一度はクルルを置いて、南に飛び立ったのである。しかし途中で戻ってきた。クルルに、カララがなぜ戻ってきたのかはわからない。しかしカララは、自分が原因でクルルが飛べなくなったことは知っているはずであり、その責任を感じていたに違いない。

○クルルは、もしカララが「さあ、いっしょに行こう！」（中略）飛べたとしても首を横にふるつもりだった。
カララはクルルを連れ戻しにきたのかもしれない。しかしクルルの心は、まだ閉ざされたままである。ずっと自分を責めている。カララに対する不信感もあったかもしれない。「たとえ飛べたとしても首を横にふるつもり」から、死ぬ覚悟の強さが読みとれる。「さあ、いっしょに行こう！」は、対等もしくは上から目線の言葉といえる。クライマックスでカララは「いっしょに行ってくれるかい？」と言う。二つ言葉の比較が重要になる。

○でも、カララは何も言わなかった。ただじっと（中略）南にわたっていく群れをいっしょに見つめていた。
何も言わなかったのは、何と言えばいいのかわからなかったからか、それとも言うことができなかったのか。自分のせいで、クルルが仲間から外されたことを謝っても、それで許されるほど簡単なことではないと思ったかもしれない。

○日に日に寒さが増してくる。

「冬が近づいてくる。」「白い雪がちらほら……。」そして「日に日に寒さが増してくる。」と一層状況が厳しくなってきている。死が目前に迫ってきている。残された時間はさほどない。クルルとカララはどうなるのかといったハラハラドキドキさせる表現になっている。

○（こいつ覚悟してるんだ。）／クルルの心が少しずつ解けていく気がした。

カララが飛べるのに飛ぼうとしないでじっとしている姿を、クルルは見る。そしてカララも一緒に死ぬ覚悟でいることをここで理解する。クルルの閉じていた心が少しずつ和らいで開いていく。

○その瞬間、クルルはカララをつき飛ばすように羽ばたいた。

とっさのことではあるが、クルルはまたカララを守ったのである。仲間を守る気持ちを持ち始めたのかもしれない。クルルの変化である。

○「おれ、飛んでる。」／クルルは思わずさけんだ。力いっぱい羽ばたくと（後略）。

喜びと驚きに満ちた言葉である。雑音に聞こえていたつばさの音がここちよいリズムに変わるほど、力強く羽ばたいて飛ぶことができたのである。

○カラがふり向いて、「いっしょに行ってくれるかい?」と言った。（中略）笑ってみせた。（クライマックス）

カララは、クルルが仲間から責められた時、クルルをかばうことができなかったことを後悔し、それがずっと心に引っかかっていたのである。だからカララは「いっしょに行こう。」ではなく、「いっしょに行ってくれるかい?」と聞いたのである。自分を仲間として認めてくれるかという問いかけであり、謝罪の言葉ともいえる。これが作品で出てくるカララの唯一の言葉である。それだけにカララの言葉に重みがあるので注意したい。クルルはこの言葉でカララの気持ちを理解しカララを受け入れる。そして二人はお互いに認め合っていく。また、カララは「ふり向いて」クルルに話している。カララがクルルの少し前を飛んでいることがわかる。この位置関係から、体の弱い以前のカララではなく、クルルと同じようになったカララの姿を読むことができる。

○二羽のアネハヅルは、（中略）つばさを大きく羽ばたかせ、どこまでもどこまでも……。（省略法）

クルルとカララではなく、「二羽のアネハヅル」になっている。語り手はクルルとカララを遠くから見守っていることが読める。「……。」にして省略したことで、いつまでも見守っていることがわかるとともに、無事に南に渡ってほしいという余韻を持たせる表現になっている。

(5)　あらすじと主題

○あらすじ　仲間から孤立したクルルが、カララという仲間を得て、南に飛び立つ話。

○主題　仲間との関わりの中で、仲間を再発見する。

(6) 言葉による見方・考え方を鍛える発問アイデア

場面 第8時全10時間 **発問のねらい** カラララはなぜ「いっしょに行ってくれるかい?」と言ったのか。

教師1 カラララはなぜ「いっしょに行ってくれるかい?」と言ったのですか。「さあ、いっしょに行こう!」とどう違いますか。（**子ども** 「『さあ、いっしょに行こう!』は、上から目線で、『助けに来てあげたぞ。』という感じがする。 **子ども** 「『いっしょに行ってくれるかい?』は、クルルの考えを聞いている感じがする。」）

教師2 なんで、カラララがクルルの考えを聞く必要があるの。（**子ども** 「前にクルルが攻撃された時、かばえなくてごめんなさいという気持ちが入っているからだと思う。」 **子ども** 「許してほしいという気持ちがあったから、『いっしょに行こう!』とは言えなくて、『いっしょに行ってくれるかい?』という相手の気持ちを確かめる言い方になったのだと思う。」）

教師3 これで、カラララがなぜ戻ってきたのかがはっきりしましたね。

4 『やまなし』 宮沢　賢治作

（光村図書　6年・学校図書　5年）

(1) 作品の成り立ちと語句と人物

○成り立ち

初出は『岩手毎日新聞』一九二三（大正12）年四月八日。新聞掲載のもとになった原稿はない。「初期形」と呼ばれる草稿では、「十二月」は「十一月」とあり、「私の幻灯は、これでおしまいであります。」はない。

○語句

かわせみ　「翡翠」とも書く。翡翠色の体色は「飛ぶ宝石」とも呼ばれる。体の大きさはスズメくらい。くちばしは三～四cmと長い。水辺に生息し、水中の小魚や虫などをエサとしている。

○人物

語り手（幻灯を映している人）　かにの兄弟　かにのお父さん　＊かわせみや魚は、人物ではない。

(2) 場面分け（構成）

「小さな谷川の底を～。」と「私の幻灯は、～。」の二文を額縁とし、その間に「一　五月」と「二　十二月」があり、四つの部分から構成されている。幻灯として示される「一　五月」と「二　十二月」の二つの場面は、対比的に描かれているが、「五月」が先、「十二月」が後という順序性を持つ。幻灯会という語りの場を示すことで、作品の虚構性がより明確になる。

(3) 構造よみ

「五月」「十二月」ともに、かにの子どもの視点を中心にし、時間の順序に配列され、題名も「やまなし」であることから、全体を一つの話ととらえて考える。発端は、谷川の底の世界のはじまり。クライマックスは、「そのとき、トブン。」も有力である。ここで、子がにたちは、かわせみが来たと思う。しかし、それは父親によって「あれはやまなしだ」と否定されるが、やまなしの意味はまだ示されていない。「五月」「十二月」も谷川の外から何かがやってきて、それがかにの親子に与える影響を語っている。クライマックスは、やまなしが数日後の喜びとなることが明確になったところである。

〈構造表〉

○冒頭　小さな谷川の底を写した、……

○発端　二ひきのかにの子どもらが……

○山場のはじまり　そのとき、トブン。……

◎クライマックス　「待て待て。もう二日〜さあ、もう帰ってねよう。おいで。」

○結末　……粉をはいているようでした。

○終わり　……これでおしまいであります。

(4) 形象よみ

○小さな谷川の底を写した、二枚の青い幻灯です。(時・場)

物語の冒頭で、語られる全体(二枚の幻灯)を示すとともに、幻灯会という場を表し、幻灯の映し手としての語り手の存在をも示している。幻灯とは、フィルムに写した像などを一枚ずつ照らして映写幕へ映すもの。映画より簡便なため、かつては(少なくとも70~80年以上前)、学校や公民館などで幻灯会が行われていた。「二枚の青い幻灯」から、二つの世界・二つの事件が対比的に描かれると考えられる。

「青」は、水の中の世界を表し、明暗どちらとも解釈できる。「小さな谷川の底」という物語の場が示される。「小さな谷川」から、山の中の、深さはせいぜい二〇~三〇cmの川が想像される。その底が舞台。

○五月

幻灯の題。宮沢賢治の作品であり、岩手を舞台にしているという前提は、この作品の読解では抜かせない。岩手では五月は春といえる。生き物が、冬眠から目覚め、活発に動き始める季節といえる。

○クラムボン

作者の造語である。文脈からは意味を推定しにくい。アメンボ・川エビ・水の泡など諸説がある。幼いかにの会話であり、その意味がわからなくても不思議ではない。クラムボンが何かを考えさせることはよいが、決め手がないことは了解しておくべき。後述するが、「五月」は、かにの兄弟にとってわからない・知らない世界として展開する。それを象徴的に表す言葉といえる。

○かにの兄弟の会話について

会話は、似た表現が繰り返される。また、兄と弟の言葉の区別がつきにくく、その決め手を欠く箇所が多い。兄と弟の言葉を読み分けることには意味がない。兄弟の幼さやそれぞれの個性がまだ育っていない（二人の違いが明確でない）ことがわかる。兄弟の言葉の区別がつきにくいところにも（この場合は読者にとってのわからなさ）わからない世界の片鱗が見てとれる。「十二月」の会話は、兄弟の違いがはっきりしている。

○そのなめらかな天井を、つぶつぶ暗いあわが流れていきます。（隠喩）

水面を天井と表現、作品中で七回用いられている。谷川の底にいる、かにから見れば水面は天井になる。「谷川の底」と照応した隠喩である。谷川の底がかにの生活する場所であり、底からの視点が明確になる。また天井で外（水の上の世界）と区別される。天井までが、かにの知る（見る）ことができる世界である。

○「クラムボンは、死んだよ。」／「クラムボンは、殺されたよ。」

クラムボンの正体が不明なので、どういうことかはわからない。死や殺されたといった表現が登場しており、子どもの会話としては衝撃的。ここで、暗く不安なトーンに一気に変わる。子どもも死や殺し合いから無縁であるわけではないことを暗示しているとも読める。後のかわせみが魚を捕食する伏線ともなっている。

○「知らない。」／「分からない。」

なぜ「笑ったか」なぜ「殺されたか」の答え。子どもたちが、知らない・わからないことがここでは重要。「五月」は、子どもたちにとって、知らないこと・わからないことの多い世界であることを示している。

○にわかにぱっと明るくなり、日光の黄金は、（中略）／波から来る光のあみが、底の白い岩の上で（後略）。（隠喩）

明るい形象。これ以降にも「黄金の光」「光の黄金のあみ」と日光を黄金にたとえる比喩がある。「光のあみ」は四回出ている。その明るい中で魚が何かをとったり、かわせみの捕食が行われる。光の明るさとそこで起きる出来事は対照的である。

○そのときです。にわかに天井に白いあわが立って、青光りのまるでぎらぎらする鉄砲だまのようなものが、いきなり飛びこんできました。（直喩）

「青光り」「ぎらぎら」「鉄砲だまのような」と否定的なイメージが重ねられ、「いきなり飛びこんで」と、不吉なもの・よくないものが訪れたことを暗示する。「五月」の場面の転換点といえるところ。谷川の外の世界から何か（かわせみ）がやってくる。それがどのような意味を持ったのかを読むことが重要になる。

○「かわせみというんだ。だいじょうぶだ、安心しろ。おれたちはかまわないんだから。」

父親の説明で、かわせみがえさとなる魚を捕っていたことが明らかになる。父は、外から来たものの正体を知っている。そこに子どもたちとの経験の差がある。生きるために、他の生き物を食べるという世界が示される。かには、その埒外にいるものとして描かれている。

○「魚はこわい所へ行った。」

魚の死を暗示する。子どもたちのことを考えて、直接的な表現を避けたと考えられる。かわせみの捕食行為を魚の側からとらえている。他の生き物の命を奪って生きる世界が子どもたちの前で展開されている。

○「こわいよ、お父さん。」

二回出てくる。一回目は、「魚はこわい所へ行った」に対して、二回目はかばの花に対して。二回目に「弟のかにも言いました」とあることから、一回目は兄が言った言葉とわかるが、どちらの言葉かはさほど重要ではない。兄も弟も、かわせみが来たことのこわさ（魚の死との出会いでもある）が続いており、かばの花に対してもこわさを感じている。兄弟にとってかわせみも、魚の死も、かばの花も初めて出会うものである。「五月」の世界は、かにの子どもたちにとって未知のものとの出会いがある、こわい世界として閉じられる。

○光のあみはゆらゆら、のびたり縮んだり、花びらのかげは静かに砂をすべりました。（隠喩・擬人法）

谷川の底の光景。日光が底まで射して、底にできる光の模様をあみに見立て、その上を花びらの影が過ぎていくさま。花びらは水面を流れていくのだが、かにの目からは、そのかげが砂の上を動いていくように見える。明るさと暗さが入り混じった光景で、「五月」は終わる。

○十二月

二枚目の幻灯の題。五月から約半年が経過し、季節は冬である。生き物の活動がゆるやかになり、休みを迎えていく時期といえる。

○かにの子どもらはもうよほど大きくなり、底の景色も夏から秋の間にすっかり変わりました。

「五月」と変わったことは二つ。子どもたちの成長と景色の変化である。「十二月」には、かに以外の生き物は登場しておらず、生死に関わらない世界といえる。

○その冷たい水の底まで、ラムネのびんの月光がいっぱいにすき通り、天井では、波が青白い火を燃やしたり消したりしているよう。（**隠喩・擬人法・直喩**）

「五月」は、昼間　生き物が活動する時間であったのに対し、「十二月」は、夜で生き物が休息につく時間。日光と月光の対比。ラムネの瓶は薄い緑色で、ガラスの原料である珪砂に含まれる酸化鉄に由来する色である。月光の色を表すとともに、ラムネ瓶の中にいるような感じを与える。かにの視点から水の底と天井（水面）を対比的に描いている。「五月」は「なめらかな天井」であったが、ここでは波立っており、波が月光を受けて光る様を「青白い火」にたとえる。「十二月」は、穏やかな世界として描かれるが、すべてが穏やかではない。

○「あしたイサドへ連れていかんぞ。」

イサドも作者の造語である。クラムボンが何を意味するか、はっきりしなかったのに比べ、イサドは子どもたちの楽しみにしている場所と推察できる。ここからも「十二月」は、わからない・知らない世界ではなくなっていることがわかる。また、後のやまなしとも重なり、少し先に楽しみが待っている世界といえる。

○そのとき、トブン。／黒い丸い大きなものが、天井から落ちて（中略）黄金のぶちが光りました。

「五月」と照応した表現。擬音語「トブン」は、鈍い音で「五月」ほど衝撃的ではない。「丸い」、「ずうっとしずんで」、「黄金のぶちが光」りと、鈍く、ゆっくりしており、かわせみの時と対照的である。

○「かわせみだ。」／子どもらのかには、首をすくめて言いました。

かわせみのことがまだ子どもたちの中に残っている。しかし、ここでは「首をすくめ」る程度で、恐さの度合いが全く違っている。半年の経験がかにの子どもらを成長させていることがわかる。

○「そうじゃない。あれはやまなしだ。」(題名の登場)

父は、かわせみの時と同様、子どもたちに教える立場にいる。経験がそうさせる。題名がここで登場する。題名が「かわせみとやまなし」ではないことから、語り手がやまなしを重く見ていることがうかがえる。

○「待て待て、もう二日ばかり待つとね、(中略)ひとりでにおいしいお酒ができるから。」(クライマックス)

やまなしの恵みは、少し先のことである。かわせみは恐怖をもたらしたが、やまなしは楽しみをもたらす。それも、「ひとりでに」もたらしてくれるものである。命の奪い合いはなく、おだやかな、楽しみや喜びがある。イサドも含めて、「十二月」は先に楽しみが待つ世界といえる。

○波はいよいよ青白いほのおをゆらゆらと上げました、(中略)金剛石の粉をはいているようでした。(擬人法・直喩)

「五月」が、底の描写で終わっていたのに対して、「十二月」は水面の波の描写で終わる。それも「波は」(「天井の波」ではなく)と、語り手が谷川からやや離れて見ていることがわかる。「十二月」では、「青白い火」「青いほのお」「青白いほのお」の比喩表現が繰り返し出ている。「金剛石の粉をは」くとは、ダイヤモンドの輝きにたとえた表現。

○私の幻灯は、これでおしまいであります。

最後に、語り手が再び顔を出し、存在を強く印象づける。「二枚の幻灯」の意味を読者に問いかけている。

(5) あらすじと主題

○あらすじ　五月は、かわせみがかにの兄弟をこわがらせる。十二月は、やまなしを食べる楽しみが先に待つ。

○主題　殺し殺される世界と穏やかな世界の二面を示しつつ、後者に安らぎや希望を見出す。

＊語り手は、「二枚の幻灯」を提示するだけで、その解釈を示さない。「二枚の幻灯」をどう受け止めるかは読者に委ねられる。『やまなし』が難解な教材といわれるのはそのためである。したがって、子どもたちに「二枚の幻灯」をどのように解釈するのかを問いかけることが重要になる。教師が安易に解説するのではなく、子どもたちの考えを出し合い、作品の評価と合わせて主題を考えていけるとよいだろう。

(6) 言葉による見方・考え方を鍛える発問アイデア

場面　**第6時全8時間**　**発問のねらい**　**クラムボンとイサドを比較する。**

教師1　クラムボンは何だった？（子ども　自由に発表）
教師2　いろいろと考えられたけど、クラムボンの正体は？（子ども　「わからない。」）
教師3　イサドはどんなところ？（子ども　「楽しいところ。」）
教師4　二つとも作者の造語。二つの言葉からわかることは？（子ども　「クラムボンは全然わからないけど、イサドは何となくわかる。」）
教師5　「五月」「十二月」の世界とどうつながっている？（子ども　「『五月』はわからないことが多い世界、『十二月』は少しわかった世界。」）

5 『海の命』 立松 和平作

（光村図書・東京書籍　6年）

(1) 作品の成り立ちと語句と人物

○成り立ち

初出は絵本『海のいのち』（ポプラ社　一九九二年）である。

絵本との異同は形象よみで述べる。

○語句

クエ　海水魚。天然物のクエは漁獲量が非常に少なく、一般的に超高級魚として認知されている。

瀬　ここでは海流の流れのこと。魚の食糧が豊富でよい漁場となる。

もぐり漁師　素手または銛などの道具で魚などを捕まえる。水深二十～三十メートル程まで潜れることがある。

○人物

太一（中心人物）　与吉じいさ　太一の父・母

＊特に読みとるべきは名前のつけられた人物二人である。

場面	範囲	内容
1	はじめ～方法はなかったのだった。	太一の父が巨大なクエにもりをうち、ロープが絡まって死んだことが述べられる。
2	中学校を卒業する～ブリになったりした。	中学校を卒業した太一が与吉じいさの弟子となる。
3	弟子になって何年～海に帰っていったのだ。	与吉じいさは太一を村一番の漁師と認め、ある日、眠るように死んでいく。
4	ある日、母は～太一は興味をもてなかった。	太一は母の心配をよそに父の死んだ瀬に潜るようになる。
5	追い求めている～海の命だと思えた。	太一は巨大なクエを見つけるがもりを打ち込まず、そのクエを「おとう」と呼ぶ。
6	やがて、太一は～おわり	太一は村一番の漁師であり続け、クエにもりを打たなかったことは誰にも話さなかった。

(2) 場面分け

光村図書の本文にある一行空きに基づき、1～6場面とする。

父の敵を討とうとしていた太一がその敵に出会う5場面に大きな変化がある。

(3) 構造よみ

発端は2場面の最初だ。ここで、「中学校を卒業する年の夏」と初めて具体的に時が特定されている。まとめて過去を回想するそれまでの説明的な叙述との変化が認められる。

クライマックスは5場面、父の敵と思った巨大なクエ（瀬の主）を、太一が結局もりで突かない場面だ。それまでの、父の敵を討つという気持ちが変化している。このこ

〈構造表〉

○冒頭　父もその父も、……

○発端　中学校を卒業する年の夏、……

○山場のはじまり　追い求めているうちに、……

◎クライマックス　「おとう、～また会いに来ますから。」

○結末　……この海の命だと思えた。

○終わり　……生涯だれにも話さなかった。

とは、太一の漁師としての生き方の変化である。父のようなもぐり漁師としての生き方ではなく、与吉じいさのような一本づり漁師としての生き方が選び取られた場面といえる。

(4) 形象よみ

○子どものころから、太一はこう言ってはばからなかった。

「はばかる」は、遠慮するの意。もぐり漁師という仕事はその危険さゆえ、誰もやりたがらないような仕事なのである。子どもの頃の太一は父に対して強くあこがれ、父を自慢に思っている。この時の太一は小学校低学年くらいであろう。漁師というものをまだ知らない。もぐり漁師の危険性の高さもまだわかっていない。

○潮の流れが速くて、だれにももぐれない瀬に、たった一人で（中略）岩かげにひそむクエをついてきた。

他者にない能力を持つ特別な漁師としての父が読みとれる。語り手は、父の技能の高さや勇敢さにのみ目を向けている太一に寄り添って述べている。しかしそれは常に危険と隣り合わせで、若い時にしかできない漁法である。太一の父はこの時三十歳前後であろう。一本づり漁師の与吉じいさと非常に対照的である。一本づりは、その技能が修業によって誰でも習得可能であり、危険性も低く、年をとっても続けられる。

○「海のめぐみだからなあ。」／不漁の日が十日間続いても、父は少しも変わらなかった。

海に対する父の感謝の念が読みとれる。「めぐみ」という言葉には自分の力ではなく海のおかげで生かされているという謙虚な姿勢が感じられる。しかし、後の場面での与吉じいさのような、魚を獲物とする罪悪感までは感じられない。また、不漁の日が十日続くようなこともあり、生活の不安定さも与吉じいさと対照的だ。

そのことから、たくさんとれる時にはとっておこうとする心情も起こりやすい。

○空っぽの父の船が瀬で見つかり、仲間の漁師が引き潮を（中略）光る緑色の目をしたクエがいたという。

水深が浅くなる引き潮を待たなければ仲間の漁師には潜れないほどの難所で、太一の父はもぐり漁師として獲物を狙っていた。光る緑色の目とは、大変不気味で恐ろしいイメージだ。そうした伝聞から、太一は父が瀬の主であるこのクエをものにしようと戦い、敗れて死んだと考えた。

○中学校を卒業する年の夏、太一は与吉じいさに弟子にしてくれるようたのみに行った。

中学校という義務教育の終わる約八か月前から、太一は自分の進路を考え、具体的に行動している。かなり早い段階から考え、漁師として生きていくことを計画的に選びとっている。早く一人前になりたいという気持ちが読みとれる。父のようなもぐり漁師ではないが、一本づりという漁法にこだわって生きる漁師として、与吉じいさを尊敬していることがわかる。父の死んだ瀬に近づくためでもある。

○与吉じいさは、太一の父が死んだ瀬に、毎日一本づりに行っている漁師だった。

同じ場所で漁をするのに、太一の父との漁法の違いは対照的だ。後の文では「もう魚を海に自然に遊ばせてやり」たいと与吉じいさは言う。魚をとることへの、つまり魚を殺すことへの罪悪感が感じられる言葉である。絵本では、「これ以上とるのも罪深いものだからなぁ。」というもっとはっきりした言葉が書かれている。

○太一は、なかなかつり糸を（中略）上がってきた魚からつり針を外す仕事ばかりだ。

与吉じいさが太一にさせる仕事は機械的で面白みのないものだが、魚をとっている自分、殺している自分を最も意識させる仕事である。次の文に「与吉じいさは独り言のように語ってくれた」とあるように、漁師の技術よりも「千びきに一ぴき」という漁師の精神を、太一に伝えようとしている。与吉じいさの一本づりは、もぐり漁と違い、安全で、修業によって技術をいわば誰でも継承することができる。もぐり漁は危険を伴うがゆえに特別な能力が必要で、誰にでも継承できるものではない。また、一本づりは魚をとる量を自ら律する厳しさが必要で、安定して一定数の魚をとることができる。それは生活の安定にもつながる。一方もぐり漁はとれる魚の数が不安定で、とれる時にとっておこうと無理をする可能性も高くなる。より大きな獲物を仕留めたいという功名心が高まる傾向も強いはずだ。

○「自分では気づかないだろうが、おまえは村一番の漁師だよ。太一、ここはおまえの海だ。」

「弟子になって何年もたった」とあるように太一はもう二十歳前後の若者になっている。「自分では気づかない」ということから、太一自身に村一番という自覚はない。しかし与吉じいさは、漁師としての技能・精神ともにしっかり受け継いでくれたと、太一の仕事ぶりを見て判断したのである。

○母が毎日見ている海は、いつしか太一にとっては自由な世界になっていた。

この一文は絵本にない。太一の母はこの前の部分で、太一が父の死んだ瀬に潜ることを心配している。母は太一の敵討ちを予想し、父と同じ結果になることを恐れている。しかし、与吉じいさに弟子として学んだ太一には、もぐり漁師の父とともに生きてきた母とは違う海が見えている。父の敵討ちへの思いは持ちつつ、しかしその執着は薄らぎ、自由になっている。もりを打たないというクライマックスへの伏線でもある。

○いつもの一本づりで二十ぴきのイサキをはやばやととった太一は、父が死んだ辺りの瀬に船を進めた。
太一は与吉じいさの教えを確実に守り続けている。しかしその一方で、やはり父の死にもこだわり、父を死に至らしめた巨大なクエ、瀬の主を追い求めずにはいられない。ここで太一は、相反する二つの価値観に引き裂かれている。すなわち、魚をとる（殺す）ことに罪悪感を持たず感情のままに漁をするもぐり漁師と、魚をとる（殺す）ことに罪悪感を持ちつつ厳しく自らを律して漁をする一本づり漁師との、二つの価値観である。

○ひとみは黒いしんじゅのようだった。刃物のような歯が並んだ灰色のくちびるは、（後略）（直喩）
ついに父の敵かもしれない、瀬の主に遭遇する。この場面は直喩が頻出する。少し前の文ではその目を「青い宝石」に、この文ではひとみを「黒いしんじゅ」にたとえている。どちらも美しいもの・心を惹きつけるもの・価値あるものである。太一は直感的にこの瀬の主の侵さざるべき価値を感じている。しかし一方で、それを得たいという感情・欲望を強く喚起するものでもある。と同時に、「刃物のような歯」は恐ろしさ・不気味さを感じさせ、父の敵への憎悪をかき立てる。

○この大魚は自分に殺されたがっているのだと、（中略）こんな感情になったのは初めてだ。
「殺されたがっている」ものと対峙すれば、おのずと殺したがっている自分に気づくはずだ。ここに至って太一は初めて、漁師としての自分は魚を殺しているのだという自覚を、実感を伴った形で切実に感じることになる。これまで与吉じいさから学んではいたが、本当の意味ではわかっていなかったのだ。

○この魚をとらなければ、本当の一人前の漁師にはなれないのだと、太一は泣きそうになりながら思う。

太一はまだ二つの価値の間で激しく葛藤中である。ここでの「本当の一人前」は、父の敵をとり、魚を殺す罪悪感を否定して漁師として生きることであろう。普通に考えれば、漁師として生きるのに魚を殺す罪悪感を感じていては不都合だ。しかし、父の敵として瀬の主を殺すことは、太一が自らを厳しく律することをやめ、自分の感情の赴くままに魚を殺すことに他ならず、直前に感じた切実な罪悪感を太一は簡単に消し去ることもできない。「泣きそうになりながら」から二つの価値観の間で激しく揺り動かされている太一が読める。

○水の中で太一はふっとほほえみ、口から銀のあぶくを出した。もりの刃先を足の方にどけ、クエに向かってもう一度えがおを作った。

「銀のあぶく」という美しい表現が、太一が正しい判断をし納得していることを示している。ただし「えがおになった」ではなく「えがおを作った」という表現からは、太一がかなり意識的に、いわば自分の感情に理性で打ち勝つ形で、価値観を転換させたことが読める。

○「おとう、ここにおられたのですか。また会いに来ますから。」

父の敵である瀬の主と父とを重ねるという、かなり強引な見立てを太一はしている。もぐり漁師としての父を否定し一本づり漁師である与吉じいさを肯定しつつ、同時に自分の父に対する幼い頃からのあこがれの気持ちを傷つけずに済ますためには、このような強引で矛盾した見立てをするしか方法がなかった。次の文の「こう思うことによって」という表現にはそうした含みが読みとれる。さらに語り手はそのことを「殺さないで済んだ」と肯定的に評価している。

この物語の事件は、太一の中の、漁師としてどう生きていくべきかという対立だ。もぐり漁師であった父の生き方を否定し、一本づり漁師であった与吉じいさの生き方を肯定する。父の否定という難行を、父の敵と見ていたクエと父とを重ねるというかなり強引な思い込みで何とか乗り越えたのである。太一は瀬の主を、海に生きる生命すべての象徴として見ている。その中には太一自身も含まれているはずだ。海の生物全体が太一自身を含めて、殺し殺される食物連鎖の巨大なつながりの中にある。それは微妙なバランスの上に成り立っている。海の命、すべての生命のバランスは、欲望や功名心を抑え、罪悪感を抱きながら自らを厳しく律する漁師（人間）の態度があって初めて永続的に保つことができるのだ。

○太一は村一番の漁師であり続けた。千びきに一ぴきしか（中略）太一は生涯だれにも話さなかった。

終結部で、太一が与吉じいさの精神を受け継ぎ、「海の命」を損なうことなく漁師を続け、家族が幸せに暮らしたことが述べられている。瀬の主を殺さなかったことを太一は「生涯だれにも話さなかった」という。海の命である瀬の主を、今後他の誰かが狙うことを恐れたと考えられる。

しかし、前段落のすべてが幸福の内にあるという描写から一転して、事実あった出来事を隠しているこの終わり方には暗い影が色濃い。太一は、父を否定し、魚を殺す罪悪感を抱き続けながら漁師を続けていることを誰にも言えなかったとも読める。人が幸福に生きるためには、犠牲になるものがある。人間が生きることそのものの罪に対して、正しく罪悪感を持ち続けることが必要だと、この終わり方から読みとることもできる。

(5) あらすじと主題

○あらすじ　太一は、死んだ父より与吉じいさの生き方を選び、「千びきに一ぴき」の精神で海の命を守り生きていく。

○主題　自己の欲望を律する節度を持って自然と共生することの大切さ。

(6) 言葉による見方・考え方を鍛える発問アイデア

場面 **第8時全8時間** **発問のねらい** **クエにもりを打たなかったことを生涯話さなかった理由を考える。**

教師1　太一が巨大なクエを殺したかったのはなぜか。（**子ども**　「父の敵を討ちたかったから。」「父のような漁師になりたいから。」）

教師2　太一がクエを殺さなかったのはなぜか。（**子ども**　「そのクエを殺すことは余計な殺生だから。」「生きていくのに必要な漁ではないから。」「与吉じいさの教えに背くことだから。」「父ではなく、与吉じいさの生き方を選んだから。」）

教師3　太一にとって巨大なクエは何の象徴となったか。（**子ども**　「海の生き物全体の象徴。」「生き物が生きていく食物連鎖のバランスの象徴。」）

教師4　なぜ、太一はクエにもりを打たなかったことを生涯話さなかったのか。（**子ども**　「海の命のクエを、今後誰も狙わないようにしたかったから。」「罪悪感を持ちながら漁師をし続けることが必要だったから。」）

おわりに

「小学校の物語の読みの指導は難しい。」「教材によって、どんな力をつけたらいいのかよくわからない。」等、小学校の現場の先生方の悩みを多く聞いてきた。そこで物語の読みの指導について、小学校の子どもの実態に合ったものになるように、読み研の理論と実践をもとに考えてきた。本書は、物語の読み方の基礎・基本となる九つの観点について、小学校ですぐに実践できるようにわかりやすく示した。そして九つの観点に従って、十五の小学校教材についての教材研究を示した。「深い学び」を作り上げるためには、深い教材研究は欠かせない。ぜひ小学校の現場で、実践的に検討していただきたい。

これまで物語で身につけさせるべき教科内容の系統性は、ほとんど明らかにされてこなかった。そこで小学校低学年から小学校高学年までの身につけさせるべき教科内容を系統的に示した。作品ごとに違う読みをしていたのでは、常に教師の指示待ちとなり、読みの力はつかない。子どもたちは系統的に学ぶことで、国語で何を学んでいくのかが明らかになり、国語の力を育てることができる。

また、系統的に指導するということは、学び方を学ばせることでもある。物語の読み方がわかれば、子どもは自分の力で作品を読むことができるようになる。主体的に国語の学習に取り組む子どもを育てることにもつながる。そして身につけた国語の力を使って学んでいくこと自体が、新学習指導要領の「言葉による見方・考え方」を育むことになるのである。

本書では、多数の先行研究を参考にさせていただいたが、一つ一つの紹介は省略させていただいた。
出版にあたっては、明治図書の木山麻衣子氏に大変お世話になった。厚くお礼を申し上げたい。

二〇一九年三月

永橋　和行

【執筆者一覧】

加藤　郁夫（大阪大学非常勤講師）

第一章（第１節．第２節１，６，７，８，９），第二章（第１節１～３．第３節４），コラム３

永橋　和行（立命館小学校）

第一章（第２節４，５），第二章（第２節５．第３節１，３），コラム３

竹田　博雄（高槻中学校高等学校）

第一章（第２節２，３），第二章（第１節５．第２節４），コラム２

朝倉　朋介（大阪府狭山市立西小学校）

第二章（第２節１，２）

児玉健太郎（立命館小学校）

第二章（第３節２，５）

小林　　彩（立命館小学校）

第二章（第１節４．第２節３）

【著者紹介】

「読み」の授業研究会（読み研）・関西サークル

1986年，大西忠治を初代代表として創立され，確かな読みの力を育てるための研究・実践を重ねてきた国語教育の研究会（http://www.yomiken.jp/）。関西サークルは，2005年から活動している。

〈編集委員〉

加藤　郁夫（かとう　いくお）

大阪大学非常勤講師。「読み」の授業研究会運営委員。著書に，『「舞姫」の読み方指導』（明治図書），『日本語の力を鍛える「古典」の授業』（明治図書）などがある。

永橋　和行（ながはし　かずゆき）

立命館小学校。「読み」の授業研究会事務局次長。著書に『「おこりじぞう」の読み方指導』（明治図書），共著に『総合的学習の基礎づくり３「学び方を学ぶ」小学校高学年編』（明治図書）などがある。

竹田　博雄（たけだ　ひろお）

高槻中学校高等学校。「読み」の授業研究会運営委員。主な論考に『評論文の「構造よみ」は問題を解くことに活かせるか？』（読み研『研究紀要12』），『物語・小説の「吟味と批評」の教材研究をきわめるための方法とスキル』（読み研『国語授業の改革18』学文社）などがある。

小学校国語科「言葉による見方・考え方」を鍛える
物語の「読み」の授業と教材研究

2019年４月初版第１刷刊　©著　者　「読み」の授業研究会・関西サークル
発行者　藤　原　光　政
発行所　明治図書出版株式会社
http://www.meijitosho.co.jp
（企画）木山麻衣子（校正）㈱東図企画
〒114-0023　東京都北区滝野川7-46-1
振替00160-5-151318　電話03(5907)6702
ご注文窓口　電話03(5907)6668

＊検印省略　組版所　藤　原　印　刷　株　式　会　社

本書の無断コピーは，著作権・出版権にふれます。ご注意ください。

Printed in Japan　ISBN978-4-18-276717-3

もれなくクーポンがもらえる！読者アンケートはこちらから
→